Jobwechsel

Inhalt

Der Entschluss zu wechseln   4

JEDER HAT DEN JOB, DEN ER VERDIENT!   6
Change it, love it, or leave it   7
Die Kunst, sich selbst wertzuschätzen   7

WELCHE AUFGABE PASST ZU MIR?   9
Der Typ entscheidet   10
Qualifikationsprofil   13
Persönlichkeitsprofil: Analyse von Stärken und Schwächen   13
Sind Sie ein »leader«?   18
Mütter im Dienst   18
Teilzeitarbeit, Jobsharing, Home-Office   20
Selbstständigkeit   21
Arbeiten im Ausland, Nebenjob   22
Umschulung, Fortbildung, Traineeprogramme   26

WELCHES UNTERNEHMEN PASST ZU MIR?   29
Old oder New Economy?   30
Wissen ist Macht   32

Der Weg zum Ziel   34

BEWERBEN – ABER WIE?   36
Initiativbewerbung   37
Antworten auf ein Stelleninserat   39
Eigenanzeige   40
Internetbewerbung   42
Personalberater   44
Zeitarbeitsunternehmen   47

DIE SCHRIFTLICHE BEWERBUNG   50
Form, Optik, Anschreiben   51
Lichtbild   53
Lebenslauf   54
Zeugnisse, Arbeitsproben, Referenzen   57

DAS VORSTELLUNGSGEPSRÄCH   62

Kleider machen Leute   62
Die Sprache des Körpers   65
Rhetorische Grundregeln   69
Umgang mit konfrontativen Fragen   71
Mit welchen Fragen muss ich rechnen?   79
Typische Szenen von Interviews   80
Welche Fragen darf ich stellen?   84
Konditionen richtig verhandeln   85
Vertragsgestaltung   87
Anleitung zum Rollenspiel   89
Fallbeispiele   90

ASSESSMENT-CENTER   96

Erwartungen der Unternehmen   97
Aufgabenstellungen   100

Hurra geschafft!   106

DIE CHANCE DER ERSTEN DREI MONATE   108

Probezeit   109
So finden Sie Mentoren   111
Schlagwort soziale Kompetenz   112

FEEDBACK – SCHLÜSSEL ZU LANGFRISTIGEM ERFOLG   114

Was ist Feedback?   115

WENN ES DIESMAL NICHT GEKLAPPT HAT   119

Umgang mit Absagen   119

Service   122

Adressen, die weiterhelfen   122
Bücher, die weiterhelfen   124
Register   125
Impressum   128

Der Entschluss zu wechseln

Jeder Mitarbeiter hat den Job, den er verdient. Er hat den Chef, die Mitarbeiter, die Kollegen, die er verdient. Sie protestieren? Sie denken, Sie haben etwas Besseres verdient? Dann wird es Zeit, sich auf den Weg zu machen. Zu einer erfüllenderen Aufgabe in einem Unternehmen, das Ihrer würdig ist.

interview

Bei meinem vorigen Arbeitgeber kostete jeder Tag im Büro Überwindung. Die Kollegen waren zwar ganz nett, aber der Chef konnte nicht delegieren, und die Aufgabe war furchtbar monoton. Da habe ich mich gefragt: >Sitz ich das einfach aus, oder sehe ich mich nach etwas anderem um?< Freunde haben mich erst für verrückt erklärt, dass ich einen sicheren Job aufgebe. Heute weiß ich: es war richtig.

JEDER HAT DEN JOB, DEN ER VERDIENT!

Sie haben getan, was Sie konnten, um Ihre unbefriedigende Arbeitssituation zu ändern? Haben erst versucht sich zu arrangieren, Ihrem Job das Beste abzugewinnen, ihn zu lieben und irgendwann gemerkt, dass Sie sich auf Dauer selbst etwas vormachen? Glückwunsch, wenn Sie sich bewusst entschieden haben, eine neue Aufgabe nach Ihrem Geschmack und Können zu finden. Aber auch im Falle einer ungewollten Trennung werden Sie rasch erkennen, dass jede Veränderung eine neue Chance birgt, die Sie auf Ihrem Weg weiterbringen kann. Wenn Sie sich richtig darauf einstellen und vorbereiten, haben Sie gute Karten, künftig einen besseren Job zu haben als bisher. Voraussetzung für das Gelingen Ihres Planes ist eine präzise Ist-Analyse Ihrer persönlichen und fachlichen Fähigkeiten sowie das genaue Ergründen Ihrer Motive.

Change it, love it, or leave it

Was auch immer Ihre Gründe für eine Neuorientierung sein mögen, Sie sollten sich bewusst machen, ob Sie sich auf der Flucht befinden – Hauptsache weg! – oder gezielt und konzentriert, im Wissen um Ihre Kenntnisse und Fähigkeiten, eine neue Herausforderung suchen. Sie werden es vielleicht nicht glauben, aber jeder Interviewer wird Ihnen Ihre Motivation an der Nasenspitze ansehen, und wer will schon gerne einen neuen Mitarbeiter gewinnen, den er ständig an der Hand führen muss. Schließlich tätigt der Arbeitgeber eine Investition in Sie, die sich lohnen soll. Deshalb müssen Sie sich so gut es geht verkaufen, Selbstmarketing betreiben, das Glanzstück vollbringen, innerhalb der Dauer eines Bewerbungsgespräches den entscheidenden Eindruck zu hinterlassen.

Meistens bleibt Ihnen nur eine Stunde Zeit dafür. Wenn Sie wissen, wie es funktioniert, schaffen Sie es spielend und können sogar Spaß daran haben, Ihren Marktwert und Ihre Chancen zu testen. Bevor Sie diesen Schritt erreicht haben, müssen Sie den Interviewer motivieren, Sie einzuladen und Ihnen eine kostbare Stunde seiner Zeit zur Verfügung zu stellen. Wie das geht, erfahren Sie im Kapitel »Die schriftliche Bewerbung« (→ Seite 50). Die gute Nachricht lautet: Noch nie gab es so zahlreiche Möglichkeiten für Bewerber, auf sich aufmerksam zu machen wie heute! »Gute« Bewerber sind gefragter denn je, sie werden immer händeringend gesucht – werden Sie aktiv!

→ aktiv werden

✔ Notieren Sie sich die Gründe für Ihre Unzufriedenheit. Welche Punkte können Sie beeinflussen, welche nicht?

✔ Erstellen Sie eine Stärken-Schwächen-Analyse (→ Seite 13), und definieren Sie die möglichen Wege aus der Unzufriedenheit.

✔ Machen Sie sich Ihre Motivation klar. Warum wollen Sie wechseln? Wie sollte die neue Stelle sein? Welche Ihrer Stärken könnten Sie dort besser einbringen?

✔ Achten Sie in Job und Freizeit auf Schlüsselerlebnisse, die Ihnen die Augen für neue Perspektiven öffnen könnten.

✔ Suchen Sie sich Verbündete! Ein gutes Netzwerk ist bei der Jobsuche äußerst hilfreich.

Die Kunst, sich selbst wertzuschätzen

Wir kennen alle die Situationen im Leben, in denen einfach alles gründlich schief läuft. Die Präsentation verpatzt, ein wichtiger Kunde ist abgesprungen, die Umsätze nicht erreicht, der ewige Personalmangel, der uns zu immer mehr Überstunden antreibt und uns mürbe macht, der Chef, der uns für etwas kritisiert, das wir unserer Auffassung nach nicht zu vertreten haben. Misstrauen unter den Kollegen stellt sich ein, und das Privatleben vegetiert vor sich hin. Normalerweise gibt es nach einiger Zeit wieder eine Phase des Aufschwungs und der Stabilität. Wenn diese jedoch zu lange auf sich warten lässt, wird unsere vorübergehende Unzufriedenheit chronisch. Die Motivation lässt nach. Die Erfolgserlebnisse liegen schon weit zurück. Unsere Stimmung und Ausstrahlung sinken nahezu auf den Nullpunkt.

Wenn Sie jetzt nichts unternehmen, um den Zustand zu ändern, laufen Sie Gefahr, in eine hausgemachte Abwertungsspirale und Antriebslosigkeit zu geraten. Wenn Sie aber nicht von sich überzeugt sind, wie soll es dann Ihr künftiger Arbeitgeber sein?

Unzufriedenheit am Arbeitsplatz ist der häufigste Wechselgrund. Sie sollten sich Ihres Wertes und Ihrer positiven Eigenschaften aber immer bewusst bleiben. Gerade in Krisensituationen und besonders dann, wenn Ihre Frustration bereits körperliche Beschwerden nach sich zieht oder sich in Zynismus niederschlägt: Lenken Sie Ihre Aufmerksamkeit in der Bewerbungsphase nicht auf Ihre Enttäuschungen, denken Sie perspektivisch und besinnen Sie sich auf das, was Sie können und auf das, worauf Sie immer stolz waren.

Offen sein

Wenn Sie sich in einer Phase der Unzufriedenheit befinden, sollten Sie sich nicht einigeln und den trüben Gedanken nachhängen. Versuchen Sie statt dessen, sich mit anderen über die enttäuschenden Erfahrungen auszutauschen. Wahrscheinlich werden Sie dabei feststellen,

! tipp

Wenn es Ihnen schwerfällt, Ihre positiven Eigenschaften und Stärken zu erkennen, dann bitten Sie einen oder mehrere Freunde und Kollegen Ihnen zu sagen, was sie schätzenswert und gut an Ihnen finden. Fachlich und persönlich. Schreiben Sie diese Sätze auf und kleben Sie sie überall sichtbar an alltägliche Plätze: an den Spiegel, die Kaffeemaschine, an den Kühlschrank oder einfach übers Bett.

Frohe Botschaften wie: »Es fällt mir leicht, andere zu begeistern« helfen Ihr Selbstbewusstsein zu stärken und wirken heilend auf verletzte Seelen. Mit der Wiederkehr Ihres Selbstbewusstseins werden Sie Ihr Gegenüber für sich gewinnen können. Weil Sie selbst von sich überzeugt sind!

dass Ihr Bild von der gegenwärtigen Situation viel schlechter ist als das der anderen. Sprechen Sie auch an, wenn Sie an sich selbst zweifeln oder Kritik erfahren haben. Die Reaktionen Außenstehender können wie eine Befreiung wirken: »Was? Dein Chef meint wirklich, Du wärst nachlässig?! Der war wohl die letzten Jahre nicht in der Firma. Ich kenne niemanden, der gründlicher zu Werke geht als Du.« Selbst wenn etwas nicht so leicht auszuräumen ist: Auch konstruktive Kritik kann ein wichtiger Meilenstein auf Ihrem Weg zu der geeigneten Stelle im geeigneten Unternehmen sein.

interview

Irgendwann habe ich gemerkt, dass ich eigentlich ständig Dinge tue, die mir nicht besonders liegen. Ich dachte immer, es läge an mir, an meiner Einstellung zur Arbeit. Bis ich bei einem Sonderprojekt Erfolg in einem ganz anderen Bereich hatte. Da war mir klar, dass ich mich immer viel zu negativ gesehen und mich unter Wert verkauft habe. Das war für mich das Signal zum Wechseln.

WELCHE AUFGABE PASST ZU MIR?

Den Beruf zur Berufung machen – ein Traum, den sich nur wenige erfüllen können. Oft stehen unsere Neigungen und Talente, das, was uns Spaß macht und was wir deshalb so gut können, im Widerspruch zu unserem Wunsch nach finanzieller Sicherheit. Zu wissen, dass wir ein begnadeter Fußballer oder Tennisspieler sind, eine Begabung als Musiker oder Maler haben, mag uns zwar privat sehr erfüllen, davon zu leben aber kann oft sehr schwierig sein. Schnell ist die Rede von der »brotlosen Kunst«. Diejenigen, die zusätzlich eine finanzielle Verantwortung für eine Familie zu tragen haben, können oft nur davon träumen, ihr Hobby – ihre Berufung – zum Beruf zu machen.

Zum Glück haben die meisten Menschen nicht nur ein einziges Talent, sondern gleich mehrere, mit denen sich noch dazu auf leichterem Wege Geld verdienen lässt.

Macher lieben neue Herausforderungen. Sie streben nach Verantwortung und persönlicher Entwicklung.

What's love got to do with it?

Talent zu haben, basiert auf Neigung, Interesse, Freude, Liebe und Leidenschaft für etwas. Finden Sie heraus, was Sie innerhalb Ihres Berufsweges, den Sie bis heute eingeschlagen haben, begeistert hat. Wo und wann waren Sie wirklich gut? Was hat Ihnen Spaß gemacht? Was hat Sie positiv herausgefordert? Ohne Leidenschaft, Hingabe und Begeisterung für eine Sache, eine berufliche Aufgabe, gibt es keinen wirklichen Erfolg. Den echten Erfolg haben Sie, wenn Sie ihn in sich verspüren, weil die Arbeit, die Sie ausüben, Ihnen Freude und Befriedigung verschafft, und wenn die anderen – der Chef, die Kollegen, das Unternehmen – von Ihrer Arbeit profitieren. Dann haben Sie Spaß, Geld und einen richtig guten Job.

Der Typ entscheidet

Es gibt zwei Typen von Mitarbeitern. Auch wenn beide im folgenden überspitzt dargestellt sind und die Behauptungen polarisierend wirken: Zu einem der beiden beschriebenen Typen – Macher oder Bewahrer – tendieren auch Sie. Beide sind für ein Unternehmen von großer Bedeutung. Stellen Sie sich vor, es gäbe nur Macher und keine Bewahrer oder umgekehrt.

Der Macher

Es gibt erstklassige Mitarbeiter, die ständig eine neue berufliche Herausforderung brauchen. Die sich wünschen, am und mit dem Unternehmen und der Aufgabenstellung zu wachsen, Stillstand als Monotonie empfinden. Wenn der Kick fehlt, schwindet die Begeisterung, es entsteht das

Gefühl von Unterforderung, das ebenso läh-
mend sein kann wie eine permanente Überforderung. Das Motiv eines solchen Mitarbeiters, auf der Suche nach einer neuen Aufgabe,
entspringt dem Wunsch nach Übernahme von
Verantwortung, nach Wachstum und Entwicklung. Für ihn wird bei der Wahl des nächsten Jobs wichtig sein, welche Aufgabenstellung welche Herausforderung bereithält, und
welche Entfaltungs- und Aufstiegsmöglichkeiten die Funktion und das Unternehmen bieten. Lange Arbeitszeiten, Hierarchiekämpfe
und bedingungsloser Einsatz werden mit
Herzblut in Kauf genommen.

Der Macher liebt komplexe Aufgaben, wenig
hierarchische Unternehmensstrukturen und
einen Chef, der ihn »machen« lässt, weniger
Kontrolle ausübt und mehr Verantwortung

was sind sie für ein typ?

✔ »Ich arbeite in erster Linie, um Geld zu verdienen, die Arbeit selbst ist dabei nicht so wichtig, Hauptsache der Lohn stimmt.« (Tendenz Bewahrer)

✔ »Ich arbeite in erster Linie, um Geld zu verdienen, möchte aber trotzdem auch einen Job haben, der mir Spaß macht und mir genügend Zeit lässt für meine Freizeit, Freunde, Familie und meine Hobbies.« (Tendenz Bewahrer)

✔ »Eine verantwortungsvolle Aufgabe, die mich fordert und mir Spaß macht, mich beruflich weiterbringt, und in der ich meine Persönlichkeit entfalten kann, ist mir wichtig. Überstunden sind kein Thema. Dass ich dabei meiner Leistung entsprechend bezahlt werden möchte, versteht sich von selbst.« (Tendenz Macher)

✔ »Weil ich so gut bin, verdiene ich auch so gut. Das Privatleben muss dabei zwangsläufig zurückstehen, ist mir aber auch nicht so wichtig. Ich gehe meinen Weg und will weiterkommen nach oben.« (Tendenz Macher)

*Der Bewahrer – seine Aufgaben
sollten in einem überschaubaren
Rahmen bleiben.*

überträgt. Findet sein Engagement keine Beachtung (»So haben wir es immer gemacht, und das werden auch Sie nicht ändern.«) ist er bald wieder auf Jobsuche – dieses Unternehmen hat ihn eben nicht verdient.

Der Bewahrer

Es gibt erstklassige Mitarbeiter, die sich am besten entfalten, wenn ihr Aufgabengebiet klar umrissen ist, Kompetenzen eindeutig geregelt sind, keine Unter- und Überforderung zu erwarten ist, und die Aufgabeninhalte spielend mit dem bereits vorhandenen Wissen erledigt werden können. Das Motiv eines solchen Mitarbeiters, auf der Suche nach einer neuen Aufgabe, entspringt vor allem dem Wunsch nach sozialer Sicherheit und Beständigkeit. Für ihn wird bei der Wahl des nächsten Jobs besonders wichtig sein, dass er auf ein harmonisches Team trifft, und die Aufgabe in einem überschaubaren Rahmen bleibt. Geregelte Arbeitszeiten und Hierarchien sind wichtig, das Privatleben auch. Der Bewahrer liebt transparente, eher statische Unternehmensstrukturen, und seinen Chef – wenn in ihm ebenfalls eine Bewahrerseele lebt.

Einzelkämpfer oder Teamplayer?

Fragen Sie sich bitte auch, ob Sie lieber Einzelkämpfer oder Teamplayer sind. Wo sind Sie stärker? Wo erfolgreicher?
Ihre Motivation, sich lieber als Einzelkämpfer zu engagieren, könnte darauf basieren, dass Sie glauben, alleine schneller und effektiver arbeiten zu können, oder Sie haben schlechte Erfahrungen mit Konflikten im Kollegenkreis gemacht.

checkliste

Qualifikationsprofil einer Teamassistentin Marketing

✔ Schulabschluss: Abitur

✔ Kfm. Ausbildung: Bürokauffrau

✔ Studium: berufsbegleitendes Abendstudium an der BAW

✔ Berufliche Stationen: Teamassistentin Marketing

✔ Aufgabeninhalte: Führen des Sekretariats Marketing, Korrespondenz nach Stichpunkten auch in Englisch, Erstellen von Präsentationen mittels Power-Point, Termin- und Reiseplanung der Produktmanager, Verwaltung der Urlaubs- und Krankheitsdatei der Abteilung

✔ Sprachkenntnisse: Schulenglisch

✔ EDV-Kurse: MS-Office, Internet

✔ Seminare: Teamassistenz, Sekretariatsführung

Als Teamplayer liegen Ihre Stärken im Team. Weil Sie beispielsweise integrativ, ausgleichend oder dynamisch auf die Gruppe wirken, Sie gerne die Stärken der Teamkollegen unterstützen und deren Schwächen gut abfangen können. Und weil Sie lieber von einem gemeinsamen Ergebnis sprechen als von Ihren eigenen (guten wie schlechten) Taten.

Qualifikationsprofil

Die Analyse Ihrer bereits erworbenen beruflichen und schulischen Kenntnisse hilft Ihnen
dabei, Ihre fachlichen Qualitäten in der Bewerbungsphase besser darstellen und mit dem
Anforderungsprofil der zu besetzenden Stelle
vergleichen zu können. Ihre fachliche Kompetenz stellt die Weichenstellung zur Einladung zu
einem persönlichen Vorstellungsgespräch dar.
Den Personalentscheider interessiert also
zunächst einmal, ob Sie über die fachlichen
Voraussetzungen zur Erfüllung der Aufgabenstellung verfügen. Hierzu zählen Ihre schulischen und beruflichen Kenntnisse, welche
Abschlüsse Sie haben, und welche Funktionen
Sie in welchen Unternehmen ausgeübt haben.
Wie, sprich mit welchem Erfolg, Sie diese Funktionen ausgeübt haben, gibt wiederum Aufschluss über Ihre Fähigkeiten, und diese erlangen vor allem später im Bewerbungsgespräch
große Bedeutung. Erstellen Sie also als erstes
Ihr persönliches Qualifikationsprofil. Die
Checkliste auf der linken Seite kann Ihnen
dabei als Orientierungshilfe dienen.
Das Ziel Ihres Qualifikationsprofils ist es, Ihre
fachlichen Kenntnisse und Fähigkeiten offen
zu legen und Ihnen dadurch die Auswahl der
»richtigen« Aufgabe, die Erstellung Ihrer
schriftlichen Bewerbung inklusive Ihres
Lebenslaufs und die Vorbereitung auf das Vorstellungsgespräch zu erleichtern.
Als nächsten Schritt können Sie sich nun fragen, welche persönlichen Eigenschaften und
Talente für die erfolgreiche Erfüllung der Aufgabenstellung Ihrer eigenen Erfahrung nach
bisher notwendig waren.

checkliste

**Eigenschaften und Talente
einer Teamassistentin Marketing**

- ✔ Integrationsfähigkeit (Team!)
- ✔ Flexibilität im Denken und Handeln
  (Sie sind für alle da und haben unter-
  schiedliche Erwartungen und Bedürf-
  nisse zu erfüllen)
- ✔ Organisationstalent (Termin- und Rei-
  seplanung für mehrere Personen)
- ✔ Belastbarkeit (jeder will etwas sofort)
- ✔ Strukturiertes Arbeiten (Chaos ver-
  stärkt die Hektik)
- ✔ Stilsicher im Formulieren von Briefen
  (Sekretariat, Freundlichkeit)

Persönlichkeitsprofil: Analyse von Stärken und Schwächen

»Welche Ihrer Eigenschaften hat Ihnen dabei
geholfen, Ihre bisherige Aufgabe erfolgreich zu
erfüllen?« Diese Frage wird im Bewerbungsgespräch gerne gestellt, wenn der Bewerber bis zu
diesem Punkt im Gespräch jede Chance ver-
streichen ließ, sich selbst in Szene zu setzen.
Zum Bedauern aller lässt sich dann oft nur ein
offenes Fragezeichen vom Gesicht des Gegenübers ablesen. Dabei wären nur ein paar Sätze

→

checkliste

**Eigenschaften und Talente
einer Assistentin Marketingleitung**

- ✔ Einstimmen auf eine bestimmte
  Person und deren Erwartungen
- ✔ Selbstinitiative
- ✔ Vorausschauendes, mitdenkendes
  Arbeiten
- ✔ Verstärkte Repräsentation nach innen
  und außen
- ✔ Eigene Projektarbeit
- ✔ Marketingspezifisches Wissen

nötig gewesen, die verständlich gemacht hätten, warum nun gerade er der Richtige ist für diesen Job. Dieser Kandidat weiß offensichtlich nicht, was er kann und was er wert ist.

Die Erwartungshaltung des Interviewers ist einfach: er will hören, dass Sie dem fachlichen und persönlichen Anforderungsprofil entsprechen, um nicht mehr länger nach dem richtigen Bewerber suchen zu müssen. Damit es nicht zu einfach klingt: das Anforderungsprofil wissen Sie nicht immer sofort. Stellenanzeigen sind oft schwammig formuliert. Werden Sie aufgrund einer Initiativbewerbung (→ Seite 37) eingeladen, gehen Sie hin ohne zu wissen, was Sie erwartet, weil Ihnen niemand gesagt hat, über welche Position Sie sich eigentlich unterhalten. »Gegenseitiges Kennenlernen« nennt man das.

Nur nicht den Mut verlieren: Wichtig ist, das Sie wissen wer Sie sind, was Sie können und wollen, und was Sie auf keinen Fall tun werden. Zu hohe Anpassung an das Anforderungsprofil macht meistens nicht glücklich. Genau das wollen Sie aber sein: glücklich im Job. Deshalb brauchen Sie einen Job, der zu Ihnen passt und nicht umgekehrt. Allein mit dieser Ausstrahlung werden Sie großes Interesse bei Ihrem Gegenüber wecken.

Wie funktioniert die Analyse von Stärken und Schwächen?

Sie möchten sich beruflich verändern und beispielsweise nicht mehr als Teamassistentin arbeiten, sondern als Assistentin des Marketingleiters mit eigener Projektverantwortung tätig sein. Über Ihre fachlichen Kenntnisse sind Sie sich im Klaren und Ihre persönlichen Eigenschaften glauben Sie auch ganz gut zu kennen. Bei Ihrer künftigen neuen Aufgabe werden vielleicht ganz andere persönliche Stärken von Ihnen verlangt als bisher. Fragen Sie sich, ob Sie diese Anforderungen bereits erfüllen oder erst noch erwerben müssen.

Selbstbild – Fremdbild – Wunschbild

Prüfen Sie Ihre persönlichen Stärken und Schwächen einmal genauer. In der Regel verfügen wir nur über unser Selbstbild, also unsere eigene Vorstellung davon, wer wir sind und wie wir wirken. Dieses Selbstbild wird oft von einem Wunschbild überlagert und zusätzlich durch das beeinflusst, was andere in uns sehen und an uns wahrnehmen (Fremdbild). Vergleichen Sie Ihr Selbstbild (wie sehe ich mich selbst) mit dem Fremdbild (wie sehen mich andere) und Ihrem Wunschbild (wie möchte ich sein). So kommen Sie zur verlässlichsten Form der Einschätzung Ihrer persönlichen Stärken und Schwächen, vorausgesetzt, Sie sind zu sich selbst schonungslos ehrlich und offen. Beschönigen dürfen Sie im Wunschbild, nicht aber im Selbstbild. Nehmen Sie zu Ihrer Analyse die Tabellen auf den nächsten Seiten zu Hilfe. Markieren Sie, nachdem Sie Selbst- und Fremdbild miteinander verglichen und über die Abweichungen debattiert haben, Ihre deutlichen Stärken und Ihre auffälligsten Schwächen – zum Beispiel in rot und blau. Versuchen Sie nun aus diesen Stichpunkten ganze Sätze zu formulieren.

Denken Sie daran, Schwächen positiv zu umschreiben. In unserem Beispiel der Teamassistentin könnte dies so aussehen: »Ich bin sehr flexibel im Umgang mit den verschiedenen Anforderungen, arbeite strukturiert und setze Prioritäten. Auch wenn alle gleichzeitig etwas von mir wollen, bleibe ich ruhig und gelassen. Weil ich offen und kommunikativ bin, kann ich gut mit Menschen umgehen. Manchmal würde ich gern genauer arbeiten, was aber aufgrund des Termindrucks leider nicht immer möglich ist.«

Das Gespräch mit anderen ergänzt die eigene Analyse von Stärken und Schwächen.

ihr selbstbild

So bestimmen Sie Ihr Bild vom Ich:
Geben Sie sich anhand der nachstehenden Skala für jede Eigenschaft eine Note.
Die Note 1 entspricht: sehr ausgeprägt, 2: ausgeprägt, 3: kaum oder nicht ausgeprägt.

Lesen Sie Ihre Ergebnisse im Kontext, erhalten Sie wichtige Informationen: Sind Sie sehr ehrgeizig, kritisch und launisch, besitzen aber gleichzeitig ein stark ausgeprägtes Harmoniebedürfnis, können diese Eigenschaften zusammen betrachtet auf Konfliktpotenzial hinweisen. Zu guter Letzt gönnen Sie sich Ihr Wunschbild und finden Sie heraus, was Sie bisher davon abgehalten hat, diesem in der Realität zu entsprechen.

1 2 3		1 2 3		1 2 3	
☐ ☐ ☐	kontaktstark	☐ ☐ ☐	Verlierer	☐ ☐ ☐	umsetzungsstark
☐ ☐ ☐	loyal	☐ ☐ ☐	emotional	☐ ☐ ☐	bewahrend
☐ ☐ ☐	zuverlässig	☐ ☐ ☐	flexibel	☐ ☐ ☐	stressstabil
☐ ☐ ☐	ausdauernd	☐ ☐ ☐	schüchtern	☐ ☐ ☐	unkonzentriert
☐ ☐ ☐	engagiert	☐ ☐ ☐	kollegial	☐ ☐ ☐	kontrollierend
☐ ☐ ☐	teamfähig	☐ ☐ ☐	analytisch	☐ ☐ ☐	chaotisch
☐ ☐ ☐	kritikfähig	☐ ☐ ☐	visionär	☐ ☐ ☐	sachlich
☐ ☐ ☐	ungeduldig	☐ ☐ ☐	äußeres Erschei-	☐ ☐ ☐	leistungsstark
☐ ☐ ☐	konfliktscheu		nungsbild wichtig	☐ ☐ ☐	neidisch
☐ ☐ ☐	durchsetzungsstark	☐ ☐ ☐	charmant	☐ ☐ ☐	taktierend
☐ ☐ ☐	zielorientiert	☐ ☐ ☐	beliebt	☐ ☐ ☐	diplomatisch
☐ ☐ ☐	belastbar	☐ ☐ ☐	konstruktiv	☐ ☐ ☐	aktiv
☐ ☐ ☐	launisch	☐ ☐ ☐	einzelgängerisch	☐ ☐ ☐	überzeugungsstark
☐ ☐ ☐	lernwillig	☐ ☐ ☐	optimistisch	☐ ☐ ☐	genau
☐ ☐ ☐	kommunikativ	☐ ☐ ☐	kritisch	☐ ☐ ☐	strukturiert
☐ ☐ ☐	argumentationsstark	☐ ☐ ☐	passiv	☐ ☐ ☐	repräsentativ
☐ ☐ ☐	pflichtbewusst	☐ ☐ ☐	führungsstark	☐ ☐ ☐	intelligent
☐ ☐ ☐	aggressiv	☐ ☐ ☐	interessiert	☐ ☐ ☐	fordernd
☐ ☐ ☐	emphatisch	☐ ☐ ☐	integrativ	☐ ☐ ☐	Gewinner
☐ ☐ ☐	kreativ	☐ ☐ ☐	kontrolliert	☐ ☐ ☐	schnell
☐ ☐ ☐	langsam	☐ ☐ ☐	harmoniebedürftig	☐ ☐ ☐	vorausplanend
☐ ☐ ☐	ergebnisorientiert	☐ ☐ ☐	ehrgeizig	☐ ☐ ☐	vertrauenswürdig
☐ ☐ ☐	offen	☐ ☐ ☐	anpassungsfähig	☐ ☐ ☐	entscheidungsstark

ihr fremdbild

So bestimmen Sie Ihr Fremdbild:
Lassen Sie sich von Ihrem Lebenspartner oder von Freunden anhand der nachstehenden Skala für jede Eigenschaft eine Note geben.
Die Note 1 entspricht: sehr ausgeprägt, 2: ausgeprägt, 3: kaum oder nicht ausgeprägt.

Die Bewertung von Selbstbild und Fremdbild geschieht separat. Lediglich die Ergebnisse werden miteinander verglichen. Achten Sie auf große Abweichungen. Hier finden Sie die interessantesten Botschaften über sich selbst. Diskutieren Sie gemeinsam: Vielleicht liegt eine Überschätzung oder Unterschätzung der eigenen Fähigkeiten vor?

1 2 3		1 2 3		1 2 3
☐ ☐ ☐ kontaktstark		☐ ☐ ☐ Verlierer		☐ ☐ ☐ umsetzungsstark
☐ ☐ ☐ loyal		☐ ☐ ☐ emotional		☐ ☐ ☐ bewahrend
☐ ☐ ☐ zuverlässig		☐ ☐ ☐ flexibel		☐ ☐ ☐ stressstabil
☐ ☐ ☐ ausdauernd		☐ ☐ ☐ schüchtern		☐ ☐ ☐ unkonzentriert
☐ ☐ ☐ engagiert		☐ ☐ ☐ kollegial		☐ ☐ ☐ kontrollierend
☐ ☐ ☐ teamfähig		☐ ☐ ☐ analytisch		☐ ☐ ☐ chaotisch
☐ ☐ ☐ kritikfähig		☐ ☐ ☐ visionär		☐ ☐ ☐ sachlich
☐ ☐ ☐ ungeduldig		☐ ☐ ☐ äußeres Erscheinungsbild wichtig		☐ ☐ ☐ leistungsstark
☐ ☐ ☐ konfliktscheu				☐ ☐ ☐ neidisch
☐ ☐ ☐ durchsetzungsstark		☐ ☐ ☐ charmant		☐ ☐ ☐ taktierend
☐ ☐ ☐ zielorientiert		☐ ☐ ☐ beliebt		☐ ☐ ☐ diplomatisch
☐ ☐ ☐ belastbar		☐ ☐ ☐ konstruktiv		☐ ☐ ☐ aktiv
☐ ☐ ☐ launisch		☐ ☐ ☐ einzelgängerisch		☐ ☐ ☐ überzeugungsstark
☐ ☐ ☐ lernwillig		☐ ☐ ☐ optimistisch		☐ ☐ ☐ genau
☐ ☐ ☐ kommunikativ		☐ ☐ ☐ kritisch		☐ ☐ ☐ strukturiert
☐ ☐ ☐ argumentationsstark		☐ ☐ ☐ passiv		☐ ☐ ☐ repräsentativ
☐ ☐ ☐ pflichtbewusst		☐ ☐ ☐ führungsstark		☐ ☐ ☐ intelligent
☐ ☐ ☐ aggressiv		☐ ☐ ☐ interessiert		☐ ☐ ☐ fordernd
☐ ☐ ☐ emphatisch		☐ ☐ ☐ integrativ		☐ ☐ ☐ Gewinner
☐ ☐ ☐ kreativ		☐ ☐ ☐ kontrolliert		☐ ☐ ☐ schnell
☐ ☐ ☐ langsam		☐ ☐ ☐ harmoniebedürftig		☐ ☐ ☐ vorausplanend
☐ ☐ ☐ ergebnisorientiert		☐ ☐ ☐ ehrgeizig		☐ ☐ ☐ vertrauenswürdig
☐ ☐ ☐ offen		☐ ☐ ☐ anpassungsfähig		☐ ☐ ☐ entscheidungsstark

Sind Sie ein »leader«?

Sie wollen auf Ihrem beruflichen Weg weiterkommen? Dann werden Sie sich entweder immer weiter auf Ihrem Gebiet spezialisieren und Ihr Wissen vertiefen oder aber als Team- oder Abteilungsleiter Ihr Wissen verbreitern. Als Abteilungs- oder Bereichsleiter beispielsweise, abhängig von der Verantwortung der

→ **chef-test**

Um Personalverantwortung zu übernehmen, sollten Sie über diese Eigenschaften verfügen

✔ Sie strahlen eine natürliche Autorität aus.

✔ Sie können Menschen begeistern und motivieren.

✔ Sie können Verantwortung übertragen und Aufgaben delegieren.

✔ Sie wünschen sich, andere Menschen in ihren individuellen Fähigkeiten und Eigenschaften zu fördern und zu fordern.

✔ Sie verfügen über eine solide fachliche Kompetenz.

✔ Sie besitzen eine ausgeprägte soziale Kompetenz.

✔ Sie besitzen ein gesundes Maß an Selbstbewusstsein.

Position und der Zahl der zu führenden Mitarbeiter, sind weniger Ihre speziellen Tiefenkenntnisse gefragt als Ihre Fähigkeit, die richtigen Leute mit den richtigen Aufgaben zu betrauen und sie erfolgsorientiert zu führen. Personalverantwortung zu übernehmen ist eine bedeutende, nicht zu unterschätzende Aufgabe. Eine Aufgabe, die sehr viel von Ihrer Persönlichkeit abverlangt, egal ob Sie nur ein oder zwei Mitarbeiter führen oder eine ganze Mannschaft.

Aber keine Bange, Sie wachsen mit der Aufgabe! Haben Sie erst einmal Mitarbeiter geführt, steht Ihrem künftigen Karriereplan nichts mehr im Wege. Der Schritt dorthin allerdings will von beiden Seiten – Arbeitgeber wie Arbeitnehmer – wohl geprüft sein. Entdecken Sie Ihren Hang zum »Chef sein« in sich, fragen Sie sich, was Sie veranlasst zu glauben einen guten Job als Vorgesetzter zu machen. Waren Sie vielleicht einmal Klassensprecher? Oder Vorstand eines Vereins? Kommen die Menschen ungefragt auf Sie zu und erkennen Sie als informellen Führer an? Bekommen Sie positive Resonanz auf Projekt- oder Teamleitungsaufgaben? Überlegen Sie sich gut, welche Ihrer Fähigkeiten Sie als Personalverantwortlicher unterstützen würden – dann haben Sie gleich gute Verkaufsargumente für das vor Ihnen liegende Bewerbungsgespräch!

Mütter im Dienst

Hausfrau und Mutter zu sein, kann manche Frau sehr erfüllen, für eine andere ist es auf Dauer zu wenig. Gerade dann, wenn sie bisher eine schöne Aufgabe hatte, die ihr Spaß gemacht und ihr Bestätigung gebracht hat. Ist für das Kind in der Abwesenheit der Mutter gut gesorgt, braucht diese kein schlechtes Gewissen zu haben. Im Gegenteil: Ist sie zufriedener, weil sie ihren Kopf wieder vielfältiger einsetzen kann und außerfamiliäre Bestätigung erfährt, profitiert auch ihr Kind davon. Weil sie wieder gelassener und erfüllter ist und die Zeit, die sie dann mit ihrem Kind verbringt, intensiver nutzen und genießen kann.

Organisation ist alles

Arbeiten und Kind stellt ohne Zweifel eine doppelte Belastung und Verantwortung dar und bedarf einer akribischen Organisation und eines gut funktionierenden Netzwerkes, soll sie nicht ins Gegenteil umschlagen und zu anstrengend werden. Dabei ist beispielsweise daran zu denken, kurze Arbeitswege zu wählen, die sich in der Nähe von Kindergarten, Tagesmutter oder Schule befinden. Vorher zu klären ist auch das Not-Netzwerk: Wer kümmert sich, wenn Kindergarten oder Schule pausieren, die Tagesmutter in Urlaub fährt oder das Kind erkrankt und zu Hause gepflegt werden muss? Ihren künftigen Arbeitgeber werden diese Antworten brennend interessieren. Mit »da fällt mir dann schon was ein, keine Sorge, wir haben ja noch unsere Oma«, ist es nicht getan. Stellen Sie gegenüber Ihrem Arbeitgeber klar, dass Sie für Notlagen ausgerüstet sind und über ein Sicherungssystem verfügen, am besten eines, das sich bereits in der Vergangenheit bewährt hat. Besonders wichtig zu klären ist die Arbeitszeiteinteilung beziehungsweise die Erwartung Ihres Arbeitgebers hinsichtlich Ihrer Überstundenflexibilität. Müssen Sie davon

Mit dem entsprechenden Organisationsgeschick gut zu vereinbaren: Arbeit und Kind.

ausgehen, dass Ihre vertraglich vereinbarte 20-Stunden-Woche in Wahrheit eine 30-Stunden-Woche ist, überprüfen Sie noch einmal genau, ob Sie diese wirklich leisten können und wollen. Kurzum: schaffen Sie sich kein neues Problem mit einem permanent schlechten Gewissen gegenüber Arbeitgeber und Kollegen, weil Sie Punkt 13 Uhr in Richtung Kindergarten losziehen. Es muss für alle Seiten klar sein, dass Sie als Mutter zeitlich »getaktet« sind. Eine Mutter, die zwar in Notfällen flexibel reagieren kann, ansonsten aber an feste Termine gebunden ist.

Teilzeitarbeit, Jobsharing, Home-Office

Es gibt Situationen im Leben, die unsere Arbeits- und Freizeiteinteilung vollkommen aus den Angeln heben. Zum Beispiel, wenn Sie sich entschlossen haben, einen wichtigen Menschen oder nahen Angehörigen pflegend zu unterstützen und ihn auf einem schwierigen Lebensweg zu begleiten. Vielleicht erwarten Sie auch Nachwuchs, oder Sie haben sich dazu entschlossen doch noch zu studieren. Viel-

leicht möchten Sie Ihrem Hobby mehr Platz einräumen, weil die Gelegenheit dazu gerade günstig erscheint.
In vielen Fällen ist es nicht möglich oder auch einfach nicht gewollt, weiterhin einen Fulltime-Job auszuüben. Manchmal überblicken wir die Dauer, manchmal können wir nicht sagen, für wie lange. Nicht jeder Arbeitgeber spielt da mit und unter Umständen müssen Sie sich nach einer neuen Tätigkeit umsehen.

Teilzeitarbeit

Obwohl inzwischen einige große Unternehmen ihren Mitarbeitern immer mehr die Möglichkeit flexibler Arbeitszeitmodelle einräumen, ist es auch heute noch so, dass richtig verantwortungsvolle Tätigkeiten in Teilzeit schwer zu finden sind. Notfalls müssen Sie in Kauf nehmen, Ihre Erwartungen hinsichtlich Verantwortung und Spielraum der Aufgabe und Position zurückzuschrauben, bis Sie wieder bereit sind, in Vollzeit zu arbeiten.

Jobsharing

Hier teilen sich zwei Mitarbeiter einen Arbeitsplatz. Die Idee klingt gut, in der Praxis wird sie von Arbeitgebern jedoch weniger geschätzt. Voraussetzung ist, dass Sie flexibel und bereit sind, sich in Urlaubs- und Krankheitszeiten gegenseitig zu vertreten, das heißt, Sie müssen mit einkalkulieren, in dieser Zeit voll zu arbeiten. Die Absprache und der Informationsfluss zwischen den beiden Mitarbeitern erweisen sich häufig als problematisch. Wenn Sie beispielsweise am Nachmittag arbeiten und nicht genau wissen, was am Vormittag gelaufen ist und eine klare Abgrenzung des jeweiligen Auf-

! tipp

Seit Anfang 2001 haben Sie einen Anspruch darauf, Ihren Vollzeitarbeitsplatz in einen Teilzeitarbeitsplatz umzuwandeln, sofern keine dringenden betrieblichen Gründe dagegen sprechen. Der Antragszeitraum beträgt mindestens drei Monate. Wird Ihr Antrag vier Wochen vor Fristablauf nicht abgelehnt, gilt er als genehmigt. Bei einer Teilzeittätigkeit sind Sie entsprechend Ihrem Einkommen weiterhin steuer- und sozialversicherungspflichtig. Sollten Sie als Student immatrikuliert sein und weniger als 20 Stunden wöchentlich arbeiten, zahlen Sie neben den Steuern lediglich Beiträge zur Rentenversicherung.

gabengebietes nicht möglich ist, kann es schnell zu Missverständnissen kommen, die Ihr Chef nicht lieben wird. Bekommen Sie ein Jobsharing-Angebot, prüfen Sie bitte Ihre Flexibilität, das Aufgabengebiet und auch, ob Sie sich auf Ihren Kollegen verlassen können.

Home-Office

Wenn Sie Ihren Arbeitsplatz nach Hause verlegen können, ist das eine feine Sache. Vorausgesetzt, Sie zählen zu den Menschen, die diszipliniert arbeiten können, zuhause Ruhe haben, und den sozialen Austausch mit Kollegen samt üblicher Büroatmosphäre nicht vermissen. Je nach Aufgabe ist eine Computervernetzung zum Unternehmen nötig. Um die technische Ausrüstung für Ihr Home-Office kümmert sich in der Regel das Unternehmen. Müssen Sie alles selber tragen, können Sie Ihre Ausgaben von der Steuer absetzen.

Selbstständigkeit

Die Wahl sich selbstständig zu machen bringt viele Vorteile mit sich, nicht nur hinsichtlich Arbeitszeitflexibilität und Aktionsradius. Viele sehen darin auch die langersehnte Selbstverwirklichung: sein eigener Chef sein, Eigenverantwortung für Erfolg und Misserfolg übernehmen, die direkte Auswirkung von Leistung auf das Unternehmensergebnis erleben, das alles klingt verlockend, ist aber bei weitem nicht für jeden geeignet.
Nehmen Sie sich ausreichend Zeit und beantworten Sie die Fragen im rechten Kasten. Haben Sie die allermeisten Fragen mit Ja beantwortet, sollten Sie weiter über eine

checkliste

- ✔ Kann ich zumindest anfangs als Einzelkämpfer arbeiten?
- ✔ Benötige ich Kooperationspartner?
- ✔ Bin ich diszipliniert genug, ohne Kontrolle mein Arbeitspensum zu erfüllen?
- ✔ Kann ich damit umgehen, quasi immer im Dienst zu sein?
- ✔ Mag ich die volle Verantwortung für mein Unternehmen tragen?
- ✔ Habe ich genügend Ausdauer?
- ✔ Habe ich genug Eigeninitiative?
- ✔ Kann ich es aushalten, am Anfang des Monats nicht zu wissen, was am Ende des Monats auf meinem Konto ist?
- ✔ Bin ich entscheidungsfreudig?
- ✔ Verfüge ich über genügend Kontakte und Beziehungen?
- ✔ Bin ich über den Wettbewerb und die Marktchancen ausreichend informiert?
- ✔ Verfüge ich über die notwendige Fachkompetenz?
- ✔ Bin ich akquisitions- und kontaktstark?
- ✔ Unterstützt mich die Familie?
- ✔ Habe ich konzeptionelle und strategische Stärken?
- ✔ Habe ich die finanziellen Reserven, um auch eine längere Durststrecke zu überstehen?

Selbstständigkeit nachdenken. Eine ausgezeichnete Kontaktadresse bietet das Büro für Existenzgründungen, kurz BfE genannt (www.bfe.de). Dort informieren Sie Experten kostenlos in Form von Einzelgesprächen oder Seminaren über alle notwendigen Schritte zur Selbstständigkeit und unterstützen Sie bei der Erstellung Ihres Unternehmenskonzeptes. Übrigens, wer sich aus einer Arbeitslosigkeit heraus selbstständig macht, kann mit einer finanziellen Unterstützung des Arbeitsamtes rechnen. Vorausgesetzt, man räumt Ihrer Idee Erfolgschancen ein und Sie haben, abhängig vom Bundesland, seit mindestens drei Monaten Arbeitslosengeld bezogen. Infos erhalten Sie über die Arbeitsämter oder unter www.arbeitsamt.de.

Arbeiten im Ausland

Sie haben die Nase voll – wollen am liebsten eine Auszeit, ein sabbatical year nehmen oder für lange Zeit weg, in ein Land, das Sie schon immer interessiert hat? Durchatmen, Land und Leute genießen, die Sprache besser erlernen und nebenbei jobben? Oder bewusst Ihren beruflichen Werdegang toppen, indem Sie künftig zusätzlich mit wertvoller Auslandserfahrung glänzen können, um so für das eine oder andere Unternehmen noch interessanter zu werden? Was sich auch hinter Ihren Motiven verbergen mag – seien es private Gründe oder berufliche –, eine Veränderung und Entwicklung ist Ihnen durch eine Berufserfahrung im Ausland gewiss. Auslandserfahrung gilt in den meisten Berufen als Plus und bringt Sie auch persönlich weiter. Am einfachsten

geht das natürlich, wenn Sie innerhalb eines internationalen Unternehmens die Möglichkeit haben, befristet in ein anderes Land zu gehen. Ansonsten finden Sie Unterstützung bei der Zentralen Arbeitsvermittlung (Tel. 02 28/71 30) oder bei den auf Europa spezialisierten Euro-Beratern der Bundesanstalt für Arbeit (Tel. 01 80/5 22 20 23). Laut EU-Vereinbarung brauchen Sie keine Arbeitserlaubnis, lediglich nach drei Monaten eine Aufenthaltsgenehmigung.

Prüfen Sie bitte ganz genau, ob Sie wirklich der Typ dazu sind, und informieren Sie sich ausreichend über Sitten und Gebräuche Ihres Wunschlandes. Nicht nur, dass Sie sich auf einen neuen Job einstellen müssen: Sie kennen in der Regel weder Land noch Leute, und die Sprache ist – auch wenn Sie sie gut beherrschen – doch nicht die eigene. Flexibilität, Sensibilität, Neugier und ein gefestigtes Selbstbewusstsein aber sind wichtige Wegbegleiter, und einmal gewagt werden Sie Ihre Erlebnisse und Erfahrungen nie mehr vergessen.

Nebenjob

Das Geld ist knapp, die Freizeit ausreichend, der Wunsch nach einer kompletten beruflichen Veränderung aber doch nicht so stark wie Sie dachten? Fehlen zu Ihrem Wunschberuf vielleicht noch wichtige fachliche Qualifikationen, um an Ihren Traumjob zu kommen? Oder möchten Sie mit Ihrem Hobby Geld verdienen, Ihren Erstberuf aber als Haupteinnahmequelle behalten? Dann sollten Sie über eine sinnvolle und lukrative Nebenerwerbstätigkeit nachdenken. Eine, die Abwechslung bringt und zusätz-

Auslandsaufenthalte verbessern die Karrierechance.

liches Geld ins Portemonnaie. Oder eine, die zudem als Weichenstellung für Ihren künftigen Berufsweg dienen kann. Auch hier ist Ihre Motivation entscheidend: Geld oder Liebe? Vielleicht geht sogar beides! Wenn Sie wissen, was Sie mit Ihrem Nebenjob bezwecken wollen, können Sie gezielt wählen.

Achten Sie bei Ihrer Wahl unbedingt auch auf die verkehrstechnische Erreichbarkeit der Firma, und vermeiden Sie allzu lange Fahrtzeiten dorthin. Übernehmen Sie sich nicht hinsichtlich der Arbeitszeiten. Wer am Tag acht Stunden und zusätzlich noch am Abend oder an den Wochenenden richtig arbeitet, ist bald ausgepowert und verliert die Lust. Gut durchdacht und organisiert ist halb gewonnen. Das gilt für den, der zwei Jobs zu bewältigen hat, erst recht.

Rechtliche Situation

Bevor Sie aktiv an Ihre Nebenjobsuche gehen, sollten Sie sich mit einigen rechtlichen Fragestellungen beschäftigen: Sie müssen Ihren Chef über die Ausübung einer Nebentätigkeit informieren und sich diese genehmigen lassen, sofern sie einen längerfristigen oder dauerhaften Charakter annimmt. In manchen Arbeitsverträgen ist die Ausübung einer Nebenerwerbstätigkeit generell zustimmungspflichtig. Daran müssen Sie sich halten. Ein Nebenjob bei der unmittelbaren Konkurrenz wird nicht akzeptiert und könnte Ihnen großen Ärger bereiten.

Können Sie Ihrem Vorgesetzten glaubhaft machen, dass die Ausübung Ihres Nebenjobs keine negative Auswirkung auf Ihre Arbeitslei-

tipp

Nehmen Sie einen 630-Mark-Job an, muss der Arbeitgeber pauschal 22 Prozent für Sozialabgaben abführen. Achten Sie bitte darauf, nicht mehr zu verdienen, sonst gibt es am Ende eine böse Überraschung für Sie: Verdienen Sie nämlich mehr oder haben mehrere solcher Arbeitsverhältnisse, werden Sie voll steuerpflichtig. Das bedeutet Lohnsteuerklasse VI – also höchste Steuerklasse.

Bei manchen Tätigkeiten benötigen Sie einen Gewerbeschein, beispielsweise als Promoterin. Sie erhalten den Gewerbeschein ganz unproblematisch beim Einwohnermeldeamt gegen eine Gebühr von 30,– DM oder 60,– DM.

Beispiele für Nebenjobs

Sonnenstudios: Sie pflegen die Sonnenbänke und beraten den Kunden bei der richtigen Auswahl der Sonnenliege. Am besten bei Ketten in Ihrer unmittelbaren Nachbarschaft nachfragen. Meistens arbeiten Sie dort alleine. Es sind keine Vorkenntnisse notwendig. Sie können alles vor Ort erlernen.

Gastronomie: Vom Tellerwaschen, Salatputzen bis zur Bedienung ist alles drin. Fragen Sie bei Ihrem Lieblingslokal, der Kneipe um die Ecke, oder informieren Sie sich über den Deutschen Hotel- und Gaststättenverband e.V. (Tel. 030/7 26 25 20). Kommunikationsfreude, Freundlichkeit, Serviceorientierung, Schnelligkeit und, je nach Lokalität, auch mal ein dickeres Fell sind hierbei gute Helfer.

Callcenter: Telefonieren bis die Drähte glühen. Sie arbeiten im Telefon-Service von Versandhäusern, Marktforschungsinstituten oder beispielsweise Autoclubzentralen. Sie benötigen ein gutes Kommunikationsgeschick und Ausdauer.

Kino, Film, Videothek: Als Platzanweiser, an der Kasse oder als Filmtourenführer sollten Sie Filme lieben.

Einzelhandel: Als Verkaufsberater Umsatz machen. Durch die langen Öffnungszeiten werden oft Teilzeitjobs für Nebenerwerbstätige vergeben. Gutes Stehvermögen und Kundenfreundlichkeit sind wichtig. Fragen Sie bei Ihrer Lieblingsboutique oder bei großen Warenhäusern in der Personalabteilung nach.

Promoterin in Bars oder Szenetreffs: Nette Geschenke für die Gäste. Als Promoterin werben Sie für bestimmte Produkte. Meist für die Tabakindustrie oder für Reiseveranstalter.

stung hat, dürfte er in der Regel nichts dagegen einzuwenden haben. Sollten Sie jedoch aufgrund einer Überbeanspruchung in Ihrem eigentlichen Job nicht mehr fit sein, kann der Vorgesetzte von Ihnen verlangen, Ihren Nebenjob wieder aufzugeben.

Sollten Sie im Urlaub jobben wollen, holen Sie sich am besten auch eine Genehmigung ein, denn der vom Arbeitgeber bezahlte Urlaub dient in erster Linie dem Zwecke der Erholung.

Bevorzugt für jüngere Leute geeignet. Sie müssen sehr kontaktfreudig sein und die Gäste animieren, beispielsweise bei Preisausschreiben oder kleinen Spielen mitzumachen. Spezielle Kleidung wird gestellt. Große Promotion- oder Werbeagenturen sagen Ihnen wo und wie.

Messehostess: Repräsentieren am Stand. Sie verteilen Prospekte und betreuen die Kunden am Messestand. Auch hier müssen Sie aktiv auf Menschen zugehen können und mit Ihrem sympathischen, gepflegten Auftreten überzeugen. Infos erhalten Sie über Messegesellschaften oder Promotion-Agenturen.

Fitness-Center: Sport als Verdienstmöglichkeit. Als Aerobic-Trainerin, Yogalehrerin oder Leichtathletik-Expertin bieten sich zahlreiche Möglichkeiten. Am besten gleich im eigenen Fitness-Center fragen.

Ski-, Tennis- oder Reitlehrer: Am besten direkt beim entsprechenden Sportverband nachfragen.

Volkshochschule: Noch mal die Schulbank drücken. Diesmal jedoch als Dozent. Machen Sie Ihr Know-How zu zusätzlichem Geld und lassen Sie andere von Ihrem Fachwissen profitieren. Vom Steuerkurs über Geldanlage, vom Entspannungsturnen bis zum Philosophiekurs, vom Italienischkurs bis zur Malerei. Die Möglichkeiten sind unerschöpflich. Fragen Sie bei Ihrer Volkshochschule nach. Die Kurse können Sie gut abends oder am Wochenende anbieten. Pädagogische Fähigkeiten sollten Sie unbedingt mitbringen.

Babysitter: Sie betreuen und hüten die Kleinen. Gehen spazieren, spielen und beschäftigen sich mit ihnen oder bringen sie ins Bett, wenn die Eltern abends unterwegs sind. Sie brauchen Kinderliebe, Verantwortungsbewusstsein und gute Nerven. In den Tageszeitungen werden häufig Jobangebote inseriert, oder Sie fragen bei Babysitter-Vermittlungen.

Tagesmutter: Als Tagesmutter haben Sie selbst bereits ein oder mehrere eigene Kinder und nehmen stundenweise zusätzlich andere Kinder bei sich in Ihrem Haushalt auf. Die Kinder werden gebracht und wieder abgeholt. Das Jugendamt vor Ort informiert Sie über die Bedingungen.

Haushaltshilfe: Putzen, Kochen, Bügeln. Alles zusammen oder nur einzeln. »Perlen« werden immer händeringend gesucht. Zuverlässigkeit und Ordentlichkeit sind extrem wichtig. Schauen Sie in Tageszeitungen und Werbeblätter, oder geben selbst ein Inserat auf.

Übersetzer: Vielleicht können Sie Ihre ausgezeichneten Sprachkenntnisse in Ihrem jetzigen Hauptjob nicht optimal einsetzen. Als Übersetzerin bleiben Sie am Ball! Beim Bundesverband der Dolmetscher und Übersetzer erhalten Sie Informationen.

Reiseleiter: Im Auftrag reisen. Ihre ausgezeichneten Sprach- und Landeskenntnisse, Ihr Organisationstalent und Ihre Kommunikationsstärke öffnen Ihnen neue Jobdimensionen. Große Reiseveranstalter informieren Sie.

Buchhaltungs- oder Schreibkraft: Manche Unternehmen sind heilfroh über diese Dienste. Fragen Sie beispielsweise bei Steuer- und Rechtsanwaltskanzleien nach, oder geben Sie ein Eigeninserat in der Zeitung auf. Oft können Sie auch von zuhause aus arbeiten, wenn Sie über die entsprechende technische Ausrüstung verfügen.

Umschulung, Fortbildung, Traineeprogramme

Umschulung

Im günstigsten Fall planen wir eine Umschulung, weil wir noch einmal von vorne anfangen wollen, in einem Beruf, der unseren persönlichen Neigungen und Interessen am nächsten kommt. Im ungünstigsten Fall zwingen uns Krankheiten oder Unverträglichkeiten zu einer vollkommenen Umdisponierung unseres Berufes. Aber auch Arbeitslosigkeit und schlechte Perspektiven im jetzigen Beruf können eine Umschulung sinnvoll erscheinen lassen. Wenn Sie die Wahl haben und selbst entscheiden können, machen Sie sich bitte bewusst, dass Sie als Umschüler noch einmal Lernender sind. Das gilt sowohl für das Erwerben theoretischen Wissens als auch für die Praxis. Je nach Alter, Berufserfahrung und bisher bekleideter Position, kann dies unter Umständen nicht immer einfach sein. Das Gleiche gilt selbstverständlich für Ihre Einkommenssituation, die vermutlich deutlich schlechter aussehen wird als bisher. Umgekehrt können sich plötzlich aber auch ungeahnte Möglichkeiten und neue spannende Perspektiven ergeben – berufliche Kehrtwendungen sind heute nichts Ungewöhnliches mehr. Prüfen Sie, welche beruflichen Perspektiven Ihre Umschulung nach deren Beendigung bietet und wie leicht oder schwer es sein wird, eine Anstellung zu finden. Die Zeiten des »Lebensarbeitsplatzes« sind längst vorbei. Durch Planung, Umschwung, Wechsel bleiben wir auch mobil, aktiv und offen für Neues.

tipp

Das Arbeitsamt unterstützt in den meisten Fällen Umschulungen in staatlich anerkannte Berufe, wenn Sie beispielsweise durch Arbeitslosigkeit oder Erkrankung nicht mehr in Ihrem Beruf Fuß fassen können. Hat das Arbeitsamt Ihre Umschulungsmaßnahme genehmigt, zahlt es während der meist zweijährigen Umschulung ein sogenanntes Unterhaltsgeld. Dieses liegt zwischen 60 und 67 Prozent Ihres letzten Nettogehalts. Kursgebühren, Lernmittel und Fahrgeld werden zusätzlich bezahlt. Zurückbezahlen müssen Sie später nichts. Eine Umschulung zu Ihrem Wunschjob, weil Sie beispielsweise nicht mehr Verkäuferin sein wollen, sondern lieber Modedesignerin werden möchten, trägt das Arbeitsamt allerdings nicht. Infos, Unterstützung und Tipps erhalten Sie über das Arbeitsamt in Ihrer Stadt oder unter www.arbeitsamt.de.

Das Arbeitsamt, ebenso wie viele Bildungswerke, unterstützen Umschüler während ihrer Umschulungsphase bei der Suche nach einer Festanstellung, um den Einstieg in die Praxis zu erleichtern.

Fortbildung

Das Berufsbildungsgesetz unterscheidet zwischen Anpassungsfortbildung und Aufstiegsfortbildung.

→ **Eine Anpassungsfortbildung** setzt da ein, wo Sie durch Aneignung von Zusatzwissen qualifiziert und marktgerecht zur Ausübung Ihres derzeitigen Berufes oder Fachbereiches beitragen. Als Personalsachbearbeiter kann es beispielsweise notwendig sein, durch spezielle Seminare auf dem aktuellsten Stand der Rechtsprechung zu sein. Oder Sie benötigen zur Ausübung Ihrer Sekretariatsfunktion Zusatzwissen hinsichtlich neuester Computerprogramme, um künftig noch schönere Präsentationen für Ihren Vorgesetzten zu machen. Oder Sie müssen sich als Umweltbeauftragter eines Unternehmens durch Teilnahme an Symposien oder Seminaren Kenntnisse darüber verschaffen, welche neuen Gesetze und welche neuen Abfallentsorgungsmöglichkeiten es gibt.

→ **Eine Aufstiegsfortbildung** verhilft Ihnen, wie der Name sagt, zu weiterführenden beruflichen Möglichkeiten. Wenn Sie sich beispielsweise noch zusätzliches Wissen zum Thema Personalführung aneignen, um für Ihr Aufgabenziel Teamleiter gewappnet zu sein. Oder Sie eine Zusatzausbildung als Marketingfachwirt absolvieren, um künftig als Produktmanager Linienverantwortung zu übernehmen.
Wer sich fortbildet, bleibt am Ball, ist kompetent und attraktiv für andere Unternehmen. Üblicherweise kommt der Arbeitgeber den begründeten und gerechtfertigten Fortbildungswünschen seiner Mitarbeiter nach, will er Leute haben, die ihr Handwerk verstehen. Wenn Ihr Arbeitgeber nicht von sich aus auf Fortbildungsmöglichkeiten aufmerksam macht, fragen Sie bitte selbst nach. Haben Sie gute Gründe, die darin münden sollten, durch den Erwerb von Zusatzwissen noch wertvoller für das Unternehmen zu werden, sollte Ihrem Wissensdurst nichts mehr im Wege stehen. Viele Seminare werden von den Firmen sogar intern veranstaltet oder aber jedenfalls von diesen bezahlt. Wer weiß, vielleicht gewinnt Ihr aktueller Job dadurch auch wieder ein wenig mehr an Attraktivität und Abwechslung für Sie, oder Sie überbrücken die Zeit bis zum Jobwechsel damit, sich ständig auf dem Laufenden zu halten. Eine Studie des Deutschen Industrie- und Handelstages ergab, dass sich für knapp zwei Drittel der Befragten, die sich mit Spezialwissen weitergebildet hatten, die Extralernerei positiv auf den Job ausgewirkt hat: 74 Prozent von ihnen erhielten eine bessere Position, 60 Prozent mehr Geld, und für 27 Prozent bedeutete die Paukerei eine »größere Arbeitsmarktsicherheit«.

Innerbetriebliche Weiterbildung

Oftmals bieten größere Unternehmen ein interessantes internes Weiterbildungsprogramm an. Dieses Programm richtet sich zum einen nach den speziellen Weiterbildungsbedürfnissen der Arbeitnehmer, zum anderen nach dem zur Verfügung stehenden Budget. Die angebotenen Seminare können fachlich bezogen sein, aber auch persönliche Fähigkeiten trainieren. Die Palette reicht von Computerschulungen und Konfliktmanagementseminaren über Akquisitionsübungen bis hin zu Yoga oder Selbstverteidigungskursen für Frauen.
Im Idealfall bespricht Ihr Vorgesetzter mit

Ihnen, welche Seminare für Sie sinnvoll sind. Im ungünstigsten Fall lässt Ihr Chef das Weiterbildungsangebot in seiner Schublade verschwinden und Sie gehen leer aus. Also: am besten bei der Personalentwicklung direkt nachfragen und dann den Chef überzeugen!

Traineeprogramme

Meist sind es die größeren Unternehmen, die sogenannte Traineeprogramme anbieten und sich mit ihrem internen Ausbildungsprogramm den Führungsnachwuchs im eigenen Hause sichern. In der Regel brauchen Sie ein abgeschlossenes Studium und ausgezeichnete Noten, diverse Praktika, am besten auch im

Ausland. In einem Zeitrahmen von 12 bis 24 Monaten durchlaufen Sie die wichtigsten, strategischen Stationen eines Unternehmens und arbeiten gleich oben an der Spitze mit. Als Lernender, der auf künftige, verantwortungsvolle Aufgaben vorbereitet wird. Ein adäquates Jobangebot innerhalb des Hauses ist Ihnen nach Beendigung Ihres Traineeprogramms so gut wie gewiss. Der Arbeitgeber hat in Sie investiert, um seine Führungsmannschaft nicht teuer vom Markt abwerben zu müssen, sondern sie gleich selbst mit dem notwendigen innerbetrieblichen Know-How ausgerüstet optimal einsetzen zu können.

»Und was hat das mit mir zu tun?« werden Sie fragen, wenn Sie bereits seit einem Jahr oder länger im Rechnungswesen oder Vertrieb Ihren Job tun. Unter Umständen jede Menge: Erkundigen Sie sich bei der Geschäftsführung oder in der Personalabteilung nach den genauen Bedingungen und der Möglichkeit für Sie, als bereits existierender Mitarbeiter ein Traineeprogramm zu absolvieren. Vielleicht bleibt Ihnen die spannende Teilnahme am Assessment-Center (→ Seite 96) nicht erspart, aber diese Chance sollten Sie sich nicht entgehen lassen, wenn Sie Interesse haben in Ihrem Unternehmen über den Tellerrand zu schauen und künftig eine Führungsaufgabe, vielleicht sogar außerhalb Ihres derzeitigen Fachgebiets zu übernehmen. Wenn es keine Traineeprogramme gibt, fragen Sie nach anderen Förderprogrammen. Damit stellen Sie auch Ihr Engagement und Ihre Lernbereitschaft gegenüber Ihrem Vorgesetzten unter Beweis und schaffen sich zudem noch Wettbewerbsvorteile im eigenen Unternehmen.

→

weiterbildung

Überprüfen Sie Ihren Weiterbildungsbedarf

✔ Verfüge ich über alle notwendigen fachlichen Qualifikationen, um meine derzeitigen Aufgaben optimal erfüllen zu können?

✔ Wenn nicht, welches Zusatzwissen benötige ich?

✔ Welches Zusatzwissen benötige ich in Zukunft, um meinen Job auch morgen noch gut zu machen?

✔ Bieten sich hausinterne Angebote an, oder muss ich mich an günstigen und kompetenten externen Anbietern orientieren?

interview

> Ich wollte nie früh morgens im Anzug aus dem Haus und meinen Tag in einer Büro-Schuhschachtel verbringen — wie mein Vater. Deshalb arbeite ich in einer kleinen Agentur, wo sich jeder die Zeit selbst einteilen kann, alles offen zugeht und einem niemand vorschreibt, was für Schuhe man zu tragen hat. Die Abläufe sind etwas chaotischer als in einem großen Unternehmen. Aber die Lebensqualität ist deutlich höher.

WELCHES UNTERNEHMEN PASST ZU MIR?

Machen Sie sich bei der Wahl des künftigen Unternehmens Gedanken darüber, wie sich Ihr beruflicher Werdegang dadurch verändert, und für welche Unternehmen Sie danach – also im übernächsten Schritt – interessant sein könnten. So gibt es sicherlich Unternehmen, die eine ausgezeichnete Reputation haben und mit Blick auf Ihren Lebenslauf, sprich Ihre späteren Entwicklungschancen, vorteilhaft sind. Dies gilt besonders für Wettbewerbsunternehmen.

Ich suche nicht – ich finde

Wenn Sie sich zum Beispiel für eine Position als Produktmanager bei einem sehr bekannten Online-Dienstleister entscheiden, verbessern sich Ihre Chancen auf dem Onlinemarkt beim nächsten Wechsel um ein Vielfaches. Oder Sie beginnen eine Tätigkeit bei einer renommierten Unternehmensberatung und werden aufgrund der Marktpräsenz, der Internationalität und der

checkliste

Welches Unternehmen passt zu mir?

✔ Bin ich ein Machertyp oder eher ein Bewahrer?

✔ Wie risikobereit bin ich?

✔ Welche Branche bietet mir den gewünschten Job?

✔ Welche Zukunft hat die Branche?

✔ Wie wichtig ist mir Internationalität?

✔ Soll die Belegschaft groß sein oder lieber klein und überschaubar?

✔ Bevorzuge ich Großraumbüros oder Einzelbüros?

✔ Wie hierarchisch oder offen sollte die Unternehmensstruktur sein?

✔ Welche Marktposition erwarte ich?

✔ Soll es sich um ein etabliertes oder ein junges Unternehmen handeln?

✔ Welche Entwicklungs- und Fortbildungsmöglichkeiten erwarte ich?

✔ Welche Fahrzeiten bin ich bereit in Kauf zu nehmen?

✔ Wie gut ist der Arbeitgeber mit dem Auto oder den öffentlichen Verkehrsmitteln zu erreichen?

✔ Welche Arbeitszeit- und welche Überstundenregelung erwarte ich?

ausgezeichneten Branchenkontakte danach für viele Unternehmen unweigerlich hoch interessant. Übernehmen Sie dagegen eine Position bei einem Betrieb, der einen eher zweifelhaften Ruf genießt, wird Ihr Marktwert in Zukunft entsprechend sein – auch ein beeindruckendes Stellenprofil hilft dann nicht weiter.

Wenn Sie wissen, was Sie wollen und fest daran glauben, dass Sie kriegen, was Sie wünschen, dann suchen Sie nicht, dann finden Sie!

Old oder New Economy?

New Economy

Viele hochmotivierte Bewerber haben eine schmerzhafte Erfahrung gemacht, die sie aber nicht missen möchten. Im Gegenteil, sie würden es wieder tun: sich einem Unternehmen ganz verschreiben, alles geben, um den gemeinschaftlichen Kick zu erleben. Auch auf die Gefahr hin, nie die Ernte einzufahren, und die Saat im Boden verkümmern lassen zu müssen, weil es partout nicht regnen will.

Was macht diesen Rausch aus? Ein Bewerber erklärte es so: »Du bist von Anfang an dabei, wirkst mit beim Entstehen, bist in jeden Prozess involviert, egal welche Nummer Du bist. Fühlst Dich dann total verantwortlich. Es ist das gemeinsame Baby. Du würdest alles tun, um aus ihm einen glücklichen Erwachsenen zu machen. Du bist Teil der Firmengeschichte.«

Hohe Flexibilität im Denken und Handeln, extreme physische und psychische Belastbarkeit, bedingungsloser Einsatz, Hemdsärmeligkeit, Improvisationsgeschick und die Bereitschaft, ein möglicherweise nur kurzes Intermezzo zu erleben, sollten Sie vorsichtshalber für einen Job in einem Start-up-Unternehmen am neuen Markt mit einkalkulieren. Sicher ein hoher Preis, doch für den der es wagt, der risikobereit und stressresistent ist, winken schöne Gewinne: die Freiheit, sich seine Arbeit selbst einteilen zu können (gilt nur solange die Ergebnisse stimmen); die Möglichkeit einen umfassenden Einblick in strategische Unternehmensentscheidungen auf nahezu allen Ebenen zu erhalten; das Gefühl aktiv am Unternehmenserfolg beteiligt zu sein; keine Nummer, sondern ein Name zu sein; die Chance, ein Aufgabengebiet unter Berücksichtigung eigener Talente und Neigungen und nicht nach Stellenbeschreibung zu verantworten; Strukturen mit zu schaffen; ganz vorne zu sein mit neuen Technologien, interne Aufstiegsmöglichkeiten, die aufgrund der Ausbildung normalerweise nicht erreicht werden könnten; die Euphorie der Gruppendynamik, wenn alle an einem Strang ziehen.

Bevor Sie sich wirklich für ein Start-up-Unternehmen entscheiden, fragen Sie konkret im Bewerbungsgespräch nach, wie sich das Unternehmen finanziert, wer dahinter steckt, und wie und ab wann mit dem Business-Modell geplant ist, Geld zu machen.

Übrigens: Auch diese Unternehmen werden irgendwann einmal Bewahrer brauchen – vorausgesetzt sie sind erfolgreich – doch Sie sehen selbst, vorerst sind hier die risikobereiten und hemdsärmeligen Macher gefragt.

Old Economy

In der Old Economy existieren bereits Strukturen, Stellenprofile und Erfahrungswerte hinsichtlich Wettbewerbssituation, Kredit und

katerstimmung

Die Bewerberin erzählt mit Glanz in den Augen und verzücktem Blick von ihrer Zeit bei einem Start-up-Unternehmen, bevor sie nach nur einem knappen Jahr mit dem Rest der Mannschaft wieder auf der Straße stand, weil die Ergebnisse auch nach der 20. Betriebsfeier nicht besser wurden, und die Kraft zum gemeinsamen Skifahrwochenende nicht mehr ausreichte: »Ich war wie im Rausch! Wir haben gearbeitet, Tag und Nacht. Alle. Trotzdem waren wir in so einer seltsamen Hochstimmung auch noch als wir hörten, dass die Zahlen nicht stimmten. Keiner wollte es so richtig wahrhaben. Wir haben alle daran geglaubt und alles gegeben.«

Funktionalität des Unternehmens. Die Entwicklung der vergangenen Jahre wird sozusagen als Maßstab für die Vorhersage der künftigen Unternehmensentwicklung genommen. Dadurch geht meist ein völlig anderer Umgang mit Fehlern und Misserfolgen einher. Die persönliche Entwicklung im Unternehmen ist oft nur im klar definierten Rahmen möglich, die routinierte Aufgabenverteilung verhindert ein abteilungsübergreifendes Lernen und Arbeiten. Andererseits birgt diese Erfahrung auch die Chance auf ein professionelles Management und eine effiziente Organisationsform.

Inhabergeführte Unternehmen

Sie lassen oft wenig Spielraum für die restliche Führungsmannschaft zu. Die Zügel hält der Inhaber in der Hand. Entscheidungen – und nicht nur die ganz wichtigen – trifft in der Regel er. Misserfolge treffen sofort sein eigenes Portemonnaie. Attraktive Posten werden gelegentlich auch an Familienangehörige vergeben. Die Erwartungshaltung an die Angestellten ist meist sehr hoch. Verbocken Sie etwas, wird man es Ihnen schnell persönlich krumm nehmen. Passen Sie sich an und akzeptieren die Spielregeln und die eher unflexiblen Strukturen, können Sie ein wertvolles Mitglied des Unternehmens werden, zur Familie gehören und durchaus eine besonders vertrauensvolle Funktion erhalten. Bei Großkonzernen gibt es im Vergleich zum inhabergeführten Unternehmen viele Entscheider, dadurch zwar längere Entscheidungswege, aber auch demokratischere Prozesse. Geschäftsführer können ausgetauscht werden, und unter Umständen weht schon bald ein neuer Wind an der Führungsspitze.

Wissen ist Macht

»Was wissen Sie denn schon über unser Haus?« Erwartungsfroh richtet der Interviewer seinen Blick auf den Bewerber. »Ähh. Ich hatte gehofft im Gespräch mit Ihnen etwas über das Unternehmen zu erfahren.«
Nicht informiert zu sein erweckt leicht den Anschein von halbherzigem Interesse. Informiert zu sein zeugt dagegen von echtem Interesse, bewusster Entscheidung, Handlungsfähigkeit, Eigenverantwortung und Pragmatismus. Es unterstützt die Gesprächsführung auf gleicher Ebene und erzeugt partnerschaftliches Verhalten beim Interviewer. Holen Sie sich soviel Informationen wie möglich über Ihr Wunschunternehmen ein. Sei es, weil Sie eine Initiativbewerbung verschicken möchten, oder weil Sie eine Stellenanzeige in der Zeitung neugierig gemacht hat. Vergleichen Sie die Daten des Unternehmens mit Ihren Interessen und punkten Sie im Bewerbungsgespräch mit Ihrem Wissen.

Woher Sie Ihr Wissen bekommen
→ über das Internet

Auf die Homepage des Unternehmens klicken. Wenn Sie die Adresse nicht haben, nutzen Sie die Suchmaschinen oder fragen Sie telefonisch direkt beim Unternehmen nach. Keine Scheu, die Mitarbeiter in der Zentrale oder am Empfang helfen Ihnen sicher gerne weiter. Manche Firmen nutzen das Internet zur Selbstdarstellung, so dass Sie viel über Unternehmensgeschichte, Unternehmensphilosophie, Unternehmensstruktur und Geschäftsaktivitäten erfahren. Oft finden Sie auch Namen oder Bilder von wichtigen Mitarbeitern und Führungskräften des Hauses.

→ über Unternehmensbroschüren und Geschäftsberichte

Haben Sie keine Möglichkeit über Internet zu suchen oder verfügt das Unternehmen über keine eigene Homepage, können Sie sich Unternehmensbroschüren besorgen. Es empfiehlt sich, telefonisch bei der Pressestelle zu erfragen, ob das Unternehmen eine Informationsbroschüre hat und weitergibt. Natürlich können Sie dazusagen, dass Sie sich als Bewerber für dieses Unternehmen interessieren. Sollten Sie auf taube Ohren stoßen, bieten Sie an,

t i p p

Aus dem gewonnenen Wissen können sich oft wunderbare Fragen zum Unternehmen ableiten, die Ihr Interesse und Ihre Fähigkeit mitzudenken und sich einzufühlen unterstreichen, zum Beispiel:

»Wie hat sich Ihre Handelsbeziehung zu … durch die politische Situation verändert – ich könnte mir vorstellen, dass Sie den Marktanteil in dieser Region noch einmal erheblich steigern konnten?« Oder:

»Welche Erfahrungen haben Sie mit der Sortimentserweiterung letztes Jahr gemacht? Der Schritt hatte mich überrascht, da Sie mit dem neuen Produktbereich nicht Ihre traditionelle Zielgruppe bedienen.«

Der Interviewer spürt: »Der ist wirklich gut vorbereitet und denkt offensichtlich mit. Dem macht man so leicht nichts vor.«

→ über Informationsdienste

Sollten Sie weder über das Internet noch über eine Unternehmensbroschüre an Informationen gelangt sein, können Sie gegen eine Gebühr auch die Informationsdienste von Agenturen oder Zeitungen in Anspruch nehmen. In deren Presse- und Unternehmensdatenbanken finden Sie unter dem Unternehmensnamen alles, was in der Vergangenheit dazu in den Medien zu lesen war. Als verlässliche und unkomplizierte Informationsquelle ist beispielsweise das Dokumentations- und Informations-Zentrum der *Süddeutschen Zeitung* (DIZ) oder der Recherchedienst der *Frankfurter Allgemeinen Zeitung* zu empfehlen. Je nach Aufwand dauert die Bearbeitungszeit zwischen zwei und drei Tagen.

Wissen beeindruckt

Stellen Sie sich nun vor, Ihr Interesse hat sich aufgrund der eingeholten Informationen über Ihr Wunschunternehmen verstärkt, und Sie haben sich in puncto Wissensstand optimal auf das Bewerbungsgespräch vorbereitet. Das Szenario könnte dann so aussehen:
»Was wissen Sie denn schon über unser Haus«? Erwartungsfroher Blick des Interviewers in Richtung Bewerber.
 »Nun ja, soweit ich der Unternehmenspräsentation aus dem Internet und Ihrer Unternehmensbroschüre entnehmen konnte, sind Sie … Ich habe mit Interesse Ihre Unternehmensentwicklung in den vergangenen Jahren verfolgt …«
Anerkennender Blick des Interviewers, der denkt: »Der Bewerber hat sich ja richtig Zeit genommen und Mühe gemacht. Die Broschüre war wirklich nicht leicht zu bekommen. Er scheint selbstständig und zielorientiert zu sein.«

die Broschüre selbst abzuholen. Wenn es keine gibt, bleiben Sie hartnäckig. In der Regel haben etabliertere Firmen immer eine Selbst- oder eine Kurzdarstellung ihrer Unternehmensphilosophie. Notfalls lassen Sie sich mit der Marketingabteilung verbinden. Geschäftsberichte werden nicht so einfach aus der Hand gegeben. Sie sind für den Bewerber aber auch nicht so informativ, da sie meist außer jeder Menge Zahlen kaum wichtige Angaben zum Unternehmen machen.

Der Weg zum Ziel

Sie brauchen keinen Plan, keine Strategie, keine Taktik, um an Ihr Ziel zu gelangen? Dann haben Sie hoffentlich viel Glück und vor allem viel Zeit. Beides werden Sie reichlich brauchen. Biegen Sie lieber mit Köpfchen und System in die Zielgerade ein. Und los geht's in die Zukunft!

→

interview

» Früher habe ich oft wochenlang in den Zeitungen gesucht, bis ich etwas gefunden hatte, auf das ich mich
dann schriftlich beworben habe. Dann vergingen noch
einmal zwei bis drei Wochen, bis das Antwortschreiben
kam. Die Zeit flog dahin und meine Motivation zu wechseln auch. Bis mir jemand den Tipp gab, das Internet
zu nutzen. Und ich plötzlich entdeckte, wie gefragt
meine Qualifikationen am Markt sind und wie schnell
sich Informationen austauschen lassen. «

BEWERBEN – ABER WIE?

Noch nie gab es so viele Möglichkeiten wie heute auf sich aufmerksam zu machen. Lesen Sie, welche Gelegenheiten Sie dazu haben und erstellen Sie sich mit Hilfe der nachstehenden Informationen Ihre eigene Strategie. Und zwar die, die am besten zu Ihnen und Ihrem Vorhaben passt. Mehrgleisig, aber gezielt aktiv zu werden erhöht Ihre Chance auf Erfolg!

Warten Sie nicht ab, bis eine Bewerbungsinitiative abgelaufen ist, bevor Sie die nächste starten. Haben Sie mehrere Eisen im Feuer, stärkt dies Ihre Position und macht Sie gelassener. Sie wissen bereits, welche Aufgaben für Sie in Frage kommen, und was Sie wollen? Sie können anderen Ihre Fähigkeiten vermitteln? Wählen Sie also nun Ihre Bewerbungsstrategie.

Initiativbewerbung

Eine Initiativbewerbung, häufig auch Blindbewerbung genannt, starten Sie dann, wenn Sie bei einem bestimmten Unternehmen arbeiten möchten, ohne zu wissen, ob dieses gerade vakante – sprich freie – Stellen zu besetzen hat oder nicht. Entweder handelt es sich dabei um Ihren absoluten Wunscharbeitgeber, oder die Initiativbewerbung ist das Ergebnis eines systematischen Auswahlprozesses, weil Sie konsequent Unternehmen einer ganz bestimmten Branche, in der Sie gerne arbeiten würden, ansprechen möchten.

wichtig

Bei Initiativbewerbung beachten

✔ Informieren Sie sich über das Unternehmen!

✔ Sind Ihre bisher erworbenen Kenntnisse und Fähigkeiten von Vorteil für das Unternehmen? An welcher Stelle und in welcher Funktion?

✔ Schicken Sie Ihre Bewerbung in schriftlicher Form an Ihr Wunschunternehmen. Denn Schriftliches geht oft durch mehrere Hände und bleibt besser im Gedächtnis haften.

✔ Das Bewerbungsschreiben muss dem Leser Aufschluss über Ihre fachlichen und persönlichen Qualifikationen geben und zum Ausdruck bringen, weshalb Sie in diesem Unternehmen arbeiten möchten.

Zur Initiativbewerbung gehört sicherlich Glück. Schließlich wissen Sie nicht, ob überhaupt jemand gesucht wird. Aber genau das ist Ihre Chance. Vielleicht werden Sie eingeladen, bevor ein Stelleninserat in der Zeitung erscheint.

Genaue Recherche ist die Grundlage für eine erfolgreiche Initiativbewerbung.

muster

Initiativbewerbung als Junior Produktmanager / Marketing / Vertrieb

Sehr geehrte/r [Name des Personalleiters/Fachabteilungsleiters],

als marktführende Healthcare Agentur sind Sie mit Ihrer Dienstleistung und Ihren innovativen Produkten ein wettbewerbsstarkes, attraktives Unternehmen, in dem sich sicherlich interessante Handlungsfelder im Bereich Marketing/Vertrieb/Produktmanagement anbieten.

Als Assistentin des Marketing Directors eines bedeutenden und erfolgreichen englischen Pharmakonzerns habe ich in den vergangenen zwei Jahren gelernt, mich und meinen Chef zu organisieren, einen kühlen Kopf in hektischen Situationen zu bewahren, den Überblick zu behalten und termingerecht und effizient zu arbeiten. Neben der Führung des Sekretariats organisiere ich selbstständig Messen und Events, kümmere mich um die reibungslose Termin- und Reiseplanung unserer Produktmanager und bin Profi im Vorbereiten von Präsentationen und jour fixes. Meine perfekten Englischkenntnisse in Wort und Schrift helfen mir bei der Abwicklung des internationalen Schriftverkehrs.
Nachdem ich Ende März 2000 meine berufsbegleitende Ausbildung zum Marketingfachwirt erfolgreich abgeschlossen hatte, habe ich zusätzlich die Betreuung der Low-Price Produktlinie unseres Unternehmens übernommen.

Obwohl mir meine Aufgaben viel Spaß und Freude bereiten, habe ich mich dazu entschlossen, mein Wissen und meine Fähigkeiten stärker auf die Marktpositionierung von Produkten zu konzentrieren und in Linien- und Projektverantwortung tätig zu sein.

Ich würde mich sehr freuen, wenn ich Sie in einem persönlichen Gespräch von meiner fachlichen Qualifikation und meinem Engagement überzeugen darf!

Mit freundlichen Grüßen

Antworten auf ein Stelleninserat

Sie haben eine Anzeige in der Zeitung oder in einem Fachmagazin gelesen und möchten darauf antworten. Hier haben Sie entgegen der Initiativbewerbung den Vorteil, dass Sie genau wissen, welche Stelle zu besetzen ist, und über welche Voraussetzungen der Bewerber idealerweise verfügen sollte. Achten Sie darauf, wie Sie den Anzeigentext für sich interpretieren und weshalb er Ihr Interesse weckt. Üblicherweise finden Sie eine Auflistung der fachlichen Anforderungen und eine oft unermessliche Wunschliste an Ihre persönlichen Eigenschaften vor. Die Stellenanzeige sollte jedoch in der Regel Auskünfte über das Unternehmen (Fir-

Die Analyse von Stellenanzeigen darf nicht vernachlässigt werden.

HAUSFREUND GMBH
Dortmund – Bremen – Frankfurt – München

Wir sind ein überregional tätiger Verbund von Immobilienmaklern und suchen für unser Büro in München zur weiteren Verstärkung unseres Empfangsbereiches eine zuverlässige

Empfangssekretärin.

Sie sind die Visitenkarte unseres Unternehmens und verstehen es, am Telefon wie auch beim Kundenempfang souverän und verbindlich zu agieren. Sie beherrschen Ihren PC ebenso wie die englische Sprache. Es erwartet Sie eine attraktive Aufgabe in einem kollegialen Umfeld. Senden Sie bitte Ihre aussagekräftigen Unterlagen an unser Münchner Büro: HAUSFREUND GmbH, Blümchenstrasse 14, 81234 München

---

menphilosophie, Branche/Produkte/Standort/ Firmengröße), die Position (Aufgaben, Ziele, Verantwortung/Kompetenzen, evtl. Entwicklungsmöglichkeiten, Einstelltermin) und die Anforderungen (Ausbildung, Berufserfahrung, Kenntnisse/Fähigkeiten, persönliche Eigenschaften) verdeutlichen.

Schauen Sie sich unser Beispiel (links) an und analysieren Sie den Inhalt. Auf der nächsten Seite finden Sie eine mögliche Interpretation dieser Stellenanzeige.

Vergleichen Sie nun das Ergebnis Ihrer Analyse und Interpretation mit Ihren Wünschen und Vorstellungen, Ihren Stärken und Schwächen. Wenn Sie zu dem Entschluss kommen, sich bewerben zu wollen, lesen Sie im Kapitel »Die schriftliche Bewerbung«, wie es mit dem Hausfreund klappt.

→ deutung einer stellenanzeige

Auskünfte über das Unternehmen:
Überregional tätiger Verbund von Immobilienmaklern, Büro in München, kollegiales Umfeld

Mögliche Interpretation:
Etabliertes, strukturiertes Unternehmen, nutzt Synergie-Effekte

Auskünfte über die Position:
Empfangssekretärin, viel Telefon und Kundenempfang, Schreibarbeit am PC, attraktive Aufgabe

Mögliche Interpretation:
Eine von mehreren, Mädchen für alles (vielleicht auch Sekretärinnenersatz?), gegenseitige Vertretung, eventuell sogar internationaler Kundenverkehr

Auskünfte über die Anforderungen:
Zuverlässigkeit, Souveränität und Verbindlichkeit gegenüber Kunden und Mitarbeitern, gute PC-Kenntnisse, Englischkenntnisse

Mögliche Interpretation:
Belastbarkeit, ansprechendes und gepflegtes Äußeres, sympathisches Auftreten auch in Stresssituationen. Wie gut die PC- und Englischkenntnisse sein müssen, bleibt dagegen unklar.

Eigenanzeige

Das Selbstinserat ist eine oft sehr wirksame Methode zur gezielten, zeit- und aufwandseffizienten Stellensuche und als Kombination zu allen anderen Bewerbungsstrategien sehr zu empfehlen. Hier geben Sie den Ton an, stellen Ihre Anforderungen an die Aufgabe und vermarkten Ihre Arbeitskraft und Persönlichkeit konzentriert an eine bestimmte Zielgruppe. Interessenten können sich mit Ihnen in Verbindung setzen. Je nachdem, welche Möglichkeit Sie wählen, kann dies über die Zeitung per Chiffre-Nummer erfolgen, über die von Ihnen angegebene E-Mail-Adresse, Fax-Nummer oder auch einfach über Ihre Telefonnummer. Je einfacher und schneller Sie erreichbar sind, desto größer sind Ihre Chancen auf Kontaktaufnahme. Rechnen Sie bitte damit, dass sich unter Umständen nicht nur die angesprochenen Firmen auf Ihre Anzeige hin melden, sondern – je nach Gesuch – auch Personalberater und Zeitarbeitsunternehmen.

Schon viele Selbstinserenten sind auf diese Initiative hin fündig geworden, egal ob es sich um Geschäftsführer oder Sachbearbeiter handelt. Die Anzeigenabteilung der Zeitung oder des Fachblattes, das Sie wählen, rechnet Ihnen vorab den Anzeigenpreis aus. Manchmal ist sogar eine Parallelschaltung im Internet kostenfrei mit inbegriffen.

Achten Sie darauf, keine zu firmenspezifischen Angaben in der Anzeige zu machen und nicht Ihren ganzen, vielleicht außergewöhnlichen, Werdegang wiederzugeben. Vermeiden Sie auch die Angabe einer Telefonnummer, die im Kollegenkreis bekannt sein könnte.

Hilfe bei der Lohnbuchhaltung?
Ich (44, w) unterstütze Sie gerne! 10 Jahre Berufserfahrung in Lohn- und Gehaltsbuchhaltung, davon zwei Jahre freiberuflich für etliche kleinere und mittelständische Firmen. Ich arbeite äußerst zuverlässig und korrekt, bin umgänglich und engagiert. Arbeite bei Ihnen oder von zuhause aus, bis zu 20 Stunden wöchentlich, fest, befristet oder freiberuflich nach Absprache. Tel.: 030-98765.

Internationales Controlling

Dipl.-Betriebswirt (FH), 34, nachweisbare Erfolge auf den Gebieten Beteiligungscontrolling/-management, Logistik- und Marketingcontrolling, Standortfragen, Bilanz/GuV, Führungserfahrung, verhandlungssicheres Englisch, auslandserfahren, sucht neue Herausforderung in der KFZ-Industrie oder Mess- und Regeltechnik. E-Mail: j.plaet@123.com

GL-Assistentin (36) sucht ab 1. 5. neuen, interessanten Wirkungskreis in Frankfurt, vorzw. im IT Bereich, mit vielseitigem u. verantwortungsvollem Aufgabengebiet in einem netten Betriebsklima.
Biete:
- 5-jährige Erfahrung mit Schwerpunkt Administration und Personal
- 2-jährige Sales & Marketing Erfahrung im Dienstleistungsbereich
- ausgeprägtes Organisationstalent, Engagement, Flexibilität und Belastbarkeit
- perfekte PC- und Englisch-Kenntnisse
Zuschriften erbeten unter: ZS 123456

Überlegungen zur Eigenanzeige

→ **Was möchte ich zum Ausdruck bringen?**
Zum Beispiel meine Funktion, meine Stärken, Arbeitsort, Branche, Entwicklungsmöglichkeiten, all die Dinge, auf die ich besonderen Wert lege, wie ich mich selbst beschreiben möchte, beziehungsweise was man von mir erfahren soll.

→ **Wer ist meine Zielgruppe?** Welche Unternehmen sollen auf mich aufmerksam werden? Nicht nur in Bezug auf Branche und Firmensitz, sondern auch hinsichtlich ihrer Philosophie.

→ **Welches Medium ist dafür geeignet?**
Inserieren Sie in einer überregionalen Tageszeitung, erreichen Sie aufgrund der hohen Auflage eine große Leserschaft – und somit viele potenzielle Arbeitgeber. Doch das Gießkannen-Prinzip muss nicht die beste Lösung sein. Je nach Stellenwunsch kann auch eine Anzeige in einem renommierten, ausschließlich von Branchenkennern gelesenen Fachblatt überaus effektiv sein. Schließlich ist der Streuverlust einfach geringer. Von den Kosten sollten Sie Ihre Entscheidung möglichst nicht abhängig machen.

Internetbewerbung

Auch wenn immer noch die Rede davon ist, dass der klassische Weg sich zu bewerben über die Zeitung geht: das Internet als Bewerbermarktplatz darf keinesfalls unterschätzt werden und wird, zunehmend professionalisiert, immer mehr an Bedeutung gewinnen.
Die Vorteile liegen auf der Hand: Ihre Bewerbung kommt rasend schnell an, ist unaufwendig, da papierlos, lässt sich beliebig multiplizieren, kostet keinen Gang zur Post und keine Briefmarke.

Machen Sie sich die Mühe, Ihre Internetbewerbung richtig schön zu gestalten und Zeugnisse und Bilder zu scannen. Ansonsten bleibt Ihnen nicht erspart, Ihre Bewerbung noch einmal über den normalen Postweg zu schicken.
Es gibt inzwischen eine Fülle von Jobportalen, bei denen Sie sich eintragen lassen und Ihre Bewerbung und Ihren Werdegang ins Netz stellen können. Danach warten Sie auf schöne Angebote beziehungsweise suchen sich einige interessante Offerte aus und bewerben sich gezielt darauf. Bedenken Sie aber, dass Ihr Name als Stellensuchender im Internet

erscheint. Die Anonymität Ihrer Bewerbungs-
aktivitäten ist damit nicht gegeben.
Oder Sie schicken Ihre virtuelle Bewerbung
direkt an die E-Mail-Adresse Ihres Wunsch-
unternehmens. Sicher und schnell. Die Unternehmen selbst haben längst erkannt, wie vorteilhaft es sein kann, Ihre offenen Stellenangebote auf Ihrer Homepage zu veröffentlichen
und dadurch zusätzlich neue Wege zur Perso-
nalbeschaffung zu ebnen.

Welches Jobportal soll ich wählen?

Immer mehr und immer neue Jobportale sug-
gerieren dem Stellensuchenden den goldenen
Weg. Einen ersten Überblick erhalten Sie über
Metasuchmaschinen:
→ **www.jobrobot.de** – durchsucht die Angebote von rund 190 Online-Stellenbörsen und
Firmen, liefert die Ergebnisse in Tabellen.
→ **www.jobworld.de** – analysiert deutsche
und amerikanische Jobbörsen mit Links zum
Thema Bewerbung.

Hier finden Sie eine kleine Auswahl verschiedener Online-Stellenbörsen:
Deutscher Stellenmarkt
→ **www.berufe2000.de**
860 000 Page views mtl., 148 000 visits mtl.,
über 2000 Bewerberprofile.
Nach über 4-jähriger Internetpräsenz etabliert
im Bereich Stellenbörsen. Klar und einfach
strukturierte Seite.

DV-Job
→ **www.dv-job.de**, 1 500 000 Page views mtl.,
250 000 visits mtl., über 2500 Bewerberprofile,
über 4400 Stellenangebote verfügbar. Dieser

IT-Stellenmarkt wurde Anfang 1996 als einer
der ersten deutschen Stellenmärkte online ge-
schaltet und zählt zu den größten deutschspra-
chigen Stellenbörsen im Internet. In Zukunft
über **www.stepstone.de/it** abrufbar. Info-
Agent benachrichtigt über aktuelle Angebote.

Jobline.de
→ **www.jobline.de**
290 000 Page views mtl., 56 000 nationale,
680 000 europaweite Bewerberprofile.
Ein führender Online-Personal- und Jobver-
mittler in Europa, bietet nicht nur – wie viele
Mitbewerber – aktuelle Stellenanzeigen
suchender Unternehmen an. Kern des Online-
Angebots ist eine Datenbank für individuelle,
anonymisierte Online-Lebensläufe. Einmal
vom Jobsuchenden online eingegeben, können
die Lebensläufe dann von personalsuchenden
Unternehmen eingesehen werden.

Jobpilot.de
→ **www.jobpilot.de**
13 400 000 Page views mtl., 1 600 000 visits,
120 000 Bewerberprofile.
Jobpilot.de ist Europas Karrieremarkt im
Internet und national größter kommerzieller
Stellenmarkt mit mehr als 120 000 aktuellen
Stellenangeboten. Mit Express-Such, E-Mail-
Service und diversen Info-Channels. Gute
detaillierte Suche möglich. Das Unternehmen
ist in 15 europäischen Ländern vertreten.

Stellenanzeigen.de
→ **www.stellenanzeigen.de**
2 400 000 Page views mtl., 250 000 visits,
50 000 Bewerberprofile.

Stellenanzeigen.de nutzt konsequent die Möglichkeiten aus, Internet, Bewerber und Unternehmen aktiv zusammenzuführen. Existiert seit 1996. Der Stellensuchende wird per E-Mail automatisch über passende Angebote informiert. Klar und übersichtlich.

StepStone
→ **www.stepstone.de**
7 600 000 Page views mtl., 770 000 visits, 24 000 nationale, 350 000 europaweite Bewerberprofile, über 20 000 deutsche Stellenangebote. 1996 gegründet, besitzt stepstone.de bundesweit acht Filialen. Jobagentfilter: Versendung der Stellenangebote an eingetragene Bewerber, wenn die Profile übereinstimmen; interaktives Online-Bewerbungsformular.

Berufswelt
→ **www.berufswelt.de**
3 700 000 Page views mtl., 450 000 visits, 600 Bewerberprofile. Die Internetjobbörse von DIE WELT/WELT am SONNTAG. Interessante Jobangebote können an Bekannte weitergemailt werden. Themen rund um Beruf und Karriere.

Eine weitere Adresse für bundesweite Angebote mit Tipps und Infos für Arbeitslose stellt der Stellenmarkt des Arbeitsamtes dar:
→ **www.arbeitsamt.de**.

Speziell für Frauen:
→ **www.worldwidejobs.de**
Hier erhalten Sie Angebote und Tipps zum Beispiel hinsichtlich Teilzeitjobs, Home-Office, Arbeitszeitmodellen und Jobsharing.

Stellenmärkte für besondere Berufsgruppen:
→ **www.mediabiz-jobs.de** für die Entertainmentbranche.
→ **www.bankjob.de** Berufe rund ums Geld.
→ **www.hotel-career.de** für Jobs im Hotel- und Gaststättengewerbe.
→ **www.job4law.de** für Berufe rund um Recht und Steuern.
→ **www.newsroom.de** für Journalisten.

Ihre Erfahrung mit dem Internet machen Sie am besten selbst. Was Sie brauchen ist jede Menge Zeit, Geduld und Lust sich auf die Materie einzulassen. Stellenangebote zu suchen kann mühselig werden, sein Bewerberprofil einzugeben ist dagegen einfacher. Am besten nicht nur auf das Internet verlassen, sondern mindestens noch einen zweiten Bewerbungsweg wählen.

Personalberater

Natürlich ist es schön für Sie, wenn Sie von einem Personalberater – auch Headhunter genannt – angerufen werden und ein tolles Jobangebot bekommen. Personalberater vermitteln im direktem Unternehmensauftrag in der Regel Fach- und Führungskräfte, die sie mittels Direktansprache oder Anzeigenschaltung suchen.
Es gibt jedoch auch eine Reihe von Personalberatern, die neben der klassischen Führungskräftevermittlung auch die Sparte der anzeigengestützten Vermittlung von »internen Dienstleistern« wie Sekretärinnen und Assistentinnen bedienen. Unter Umständen warten Sie jedoch lange auf den ersehnten Anruf, was

weder mit Ihrer Qualifikation noch mit Ihrer Persönlichkeit zu tun haben muss. Vielleicht liegt eben gerade kein passender Auftrag vor, oder Ihr Name ist bei der systematischen Suche nicht aufzuspüren gewesen. Trotzdem können Sie den Personalberater geschickt in Ihre Suchstrategie mit einbeziehen und dadurch Ihr Wirkungsfeld entschieden erweitern. Der Personalberater weiß möglicherweise von Vakanzen, die Sie weder in der Zeitung lesen noch im Internet finden werden, und er hat ein eigenes geschäftliches Interesse daran, Ihnen weiterzuhelfen. Denn er tut es nicht umsonst, es ist sein Beruf. Für Sie fallen jedoch keine Kosten an. Egal, ob es zu einer Vermittlung kommt oder nicht.

Um einen hohen Suchradius zu erreichen, könnten Sie beispielsweise zwei größere, marktbekannte und überregional beziehungsweise international tätige Personalberatungen

tipp

Überlegen Sie sich, welchen Personalberatern Sie Ihre Bewerbungsunterlagen anbieten möchten. Es empfiehlt sich bewusst bei zwei oder drei Beratern zu streuen. Bei über 5000 Personalberatern in Deutschland kann man jedoch leicht den Überblick verlieren. Am besten Sie orientieren sich nach folgenden Kriterien:

- ✔ Größe der Beratung
- ✔ Marktstellung
- ✔ Bekanntheitsgrad
- ✔ Regionale, überregionale oder internationale Ausrichtung
- ✔ Branchenabdeckung/Klientel
- ✔ Sympathie

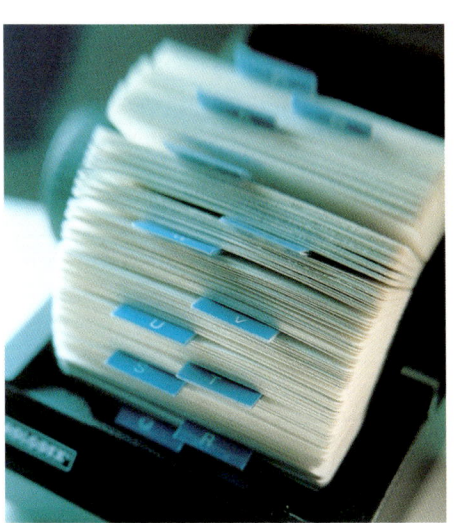

Ihres Vertrauens wählen sowie eine zusätzliche, die sich auf Ihre Branche spezialisiert hat. Vertrauen in eine Beratung können Sie erst dann gewinnen, wenn Ihnen ein persönliches Gespräch und ein Kennenlernen angeboten wird und Sie sich in »guten Händen« fühlen, weil Sie davon ausgehen können, dass sich der Berater um Ihre Bewerbung kümmert.

Personalberater unterstützen mit Insiderwissen und guten Kontakten.

Wie finde ich die geeignete Personalberatung?

Über das Internet erhalten Sie einen großen Überblick über alle möglichen Personalberatungen und deren Wirkungskreis, müssen aber jede Menge Zeit und Geduld aufwenden, um den Datenberg zu erklimmen. Haben Sie das geschafft, erhalten Sie sogleich die für Sie relevanten Informationen über die Beratung und können Ihre Wahl treffen. Eine weitere Hilfe kann der Bund der Unternehmensberater BDU, Bonn sein.

Am einfachsten ist es, Sie verfolgen aufmerksam den Stellenmarkt in den überregionalen Tageszeitungen. Hier finden Sie eine Vielzahl von Stellenangeboten, die von Personalberatern angeboten werden. Vergleichen Sie die Branche, die angebotenen Positionen und den Auftritt. Und wählen Sie!

Wie bewerbe ich mich über eine Personalberatung?

Haben Sie Ihre Wahl getroffen, bestehen zwei Möglichkeiten: entweder Sie rufen an und lassen sich – ganz wichtig! – mit einem Consultant beziehungsweise Berater verbinden, oder Sie schicken Ihre schriftliche Initiativbewerbung mit entsprechendem Anschreiben. Empfehlenswerter ist hier ausnahmsweise jedoch die telefonische Anfrage. Der Berater kennt das Kundenportfolio und ist in der Regel auf dem laufenden Projektstand. Wenn Sie für ihn interessant sind, wird er Sie auffordern, Ihre Unterlagen zu schicken und Sie – besonders im konkreten Bedarfsfall – zu einem persönlichen Vorstellungsgespräch einladen. Der Berater wird in diesem Gespräch Ihre fachliche Qualifikation überprüfen und sich einen Eindruck über Ihr Persönlichkeitsprofil verschaffen. Passt das somit gewonnene Bild mit den Anforderungen der ihm in Auftrag gegebenen Personalsuche zusammen und stimmen sogenannte harte wie weiche Faktoren überein, werden die weiteren Gespräche – häufig unter Beisein des Beraters – direkt mit dem Unternehmen beziehungsweise künftigen Arbeitgeber geführt.

Der Stellenmarkt der Zeitung gibt Hinweise auf Personalberatungen.

Zeitarbeitsunternehmen

Noch immer lastet den Zeitarbeitsunternehmen zu Unrecht ein negativer Ruf an. Noch immer denkt man dabei zu leicht an »finanzielle Ausbeuter« (die Zeitarbeitsfirmen) und »desinteressierte Jobhopper« (die Zeitarbeitsmitarbeiter). Es gibt schwarze Schafe – kein Zweifel. Es gibt aber auch eine Vielzahl von äußerst seriös geführten Unternehmen dieses Fachs, die Ihnen durchaus eine Reihe von Vorteilen bringen können, wenn dies zu Ihrer Berufs- oder Karrierestrategie passt.

Wie funktioniert Zeitarbeit?

Sie führen je nach Unternehmensstruktur ein Vorstellungsgespräch mit dem Personaldisponenten, Vertriebsleiter oder Geschäftsführer. Sie werden bei gegenseitigem Interesse bei der Zeitarbeitsfirma direkt angestellt, bekommen also von dort Ihren festen, meist unbefristeten Arbeitsvertrag. Sodann werden Sie an die jeweiligen Kunden des Zeitarbeitsunternehmens gemäß den Bestimmungen des Arbeitnehmerüberlassungsgesetzes für einen bestimmten Zeitraum verliehen. Meist handelt es sich dabei um Urlaubs-, Krankheits- oder Mutterschaftsvertretungen sowie um Personalengpässe zum Abbau von Arbeitsspitzen. Ist dieser Einsatz beendet, werden Sie in der Regel nahtlos an einen anderen Kunden verliehen, und so weiter und so fort. Gibt es Lücken, sprich, ist kein anschließender Einsatz möglich, erhalten Sie trotzdem Ihr Gehalt weiter und sind entweder auf Abruf freigestellt oder müssen Ihre Dienste auf Wunsch direkt intern beim Zeitarbeitsunternehmen leisten.

zeitarbeit – für wen?

✔ Für Quereinsteiger, die ihr Fachgebiet wechseln möchten und auf dem üblichen Bewerbungsweg nur schwer eine Chance bekommen.

✔ Für Wiedereinsteiger, die länger pausiert haben und nur schwer einen Anschluss an die Berufswelt finden.

✔ Für Berufseinsteiger oder für alle noch nicht festgelegten, flexiblen Menschen, die Erfahrungen sammeln möchten, um sich später konkret für eine Sache entscheiden zu können.

✔ Für Umschüler, die sich den beruflichen Einstieg erleichtern wollen.

✔ Für Menschen, die negative Erfahrungen gemacht haben und sich ihren neuen Arbeitsplatz erst nach einer intensiven Kennenlernphase aussuchen möchten.

✔ Für Menschen, die bestimmte Zeitspannen überbrücken wollen, bis andere private oder berufliche Ziele in den Vordergrund rücken.
Beispiel: Sie wissen, dass Sie in zwölf Monaten in eine andere Stadt ziehen.

✔ Für Menschen, die aufgrund ihres Alters nur noch wenig Chancen am Arbeitsmarkt haben.

Zeitarbeit zur Berufsorientierung kann sich auch als Sprungbrett zum Traumjob erweisen.

Fast alle Zeitarbeitsfirmen bieten Ihren Kunden nach vorgeschalteter Zeitarbeit die Möglichkeit der Personalvermittlung an. In diesem Fall würden Sie Ihr Arbeitsverhältnis mit der Zeitarbeitsfirma beenden und ein neues, unbefristetes Vertragsverhältnis mit dem Kunden eingehen. Natürlich zu neuen Konditionen und Bedingungen, die Sie dann selbst verhandeln werden. In diesem Fall hätten Sie geschickt die Zeitarbeit als Karrieresprungbrett genutzt.

Vor- und Nachteile der Zeitarbeit

Vorteile:

→ Sie erweitern Ihre Qualifikation durch das Sammeln vieler unterschiedlicher Erfahrungen hinsichtlich Branchen und Aufgaben.

→ Sie müssen sich nicht gleich festlegen, sondern können für sich sondieren und sich bewusst für einen Arbeitgeber entscheiden, den Sie dann schon kennen.

→ Sie bekommen Ihre Chance, an Stellen zu arbeiten, die Sie im Alleingang ohne Zeitarbeit im Hintergrund nicht oder nur sehr schwer bekommen hätten.

→ Sie können Zeiten überbrücken.

Nachteile:

→ Ihr Bruttogehalt ist geringer als bei einer direkten Anstellung.

→ Sie haben wenig Mitsprache bezüglich Ihres Einsatzortes.

→ Sie müssen sich auf ständig wechselnde Anforderungen hinsichtlich Arbeitssituation, Unternehmens- und Mitarbeiterstruktur einstellen.

→ Sie erhalten nicht immer genügend Anerkennung und soziale Integriertheit von Ihrem Arbeitsumfeld, da Sie ja »nur befristet und als Ersatz« fungieren.

→ Sie erfahren oft wenig Einarbeitung.

Wie finde ich das richtige Zeitarbeitsunternehmen?

In Deutschland gibt es etwa 4000 Zeitarbeitsunternehmen. Natürlich interessieren Sie nur die Zeitarbeitsfirmen an Ihrem Wohnort beziehungsweise diejenigen, in deren Stadt Sie arbeiten möchten. Einen Überblick über Zeit-

arbeitsfirmen in Ihrer Nähe finden Sie im
Internet unter www.bza.de, ebenso in den
Gelben Seiten.

Wenn Sie genügend befriedigende Antworten
auf Ihre Fragen bekommen haben, machen
Sie sich ein abschließendes Bild über das Zeitarbeitsunternehmen Ihrer Wahl:
Welches Ambiente finde ich vor? Welche
Räumlichkeiten? Welche Atmosphäre? Wieviel
Zeit nimmt sich der Interviewer für mich?
Weiß der Interviewer nach dem Gespräch
genügend über mich, um zu wissen, auf was
ich Wert lege, was ich kann, weiß und möchte?
Wenn Sie auch hier zufrieden sind und ein
gutes Gefühl haben, dann haben Sie alles
getan, um eine sorgfältige Auswahl zu treffen.

Informelle Wege

Die guten alten Kontakte wieder einmal aufle-
ben zu lassen – ein Jobwechselgedanke könnte
ein prima Grund dafür sein. Fragen Sie nach.
Die ehemalige Kollegin, die doch früher bei xy
gearbeitet hat; vielleicht kann sie ja mal für Sie
in der Personalabteilung nachfühlen? Die
Bekannte Ihrer besten Freundin, die Sie neu-
lich auf der Party getroffen haben, hatten Sie
die nicht um ihren tollen Job beneidet? Vielleicht braucht man in dieser Firma noch Verstärkung? Der Nachbar, der mit dem tollen
Sportwagen, was macht der eigentlich beruflich? – Na ja, soweit müssen Sie ja nicht unbedingt gehen, aber Sie sehen: Kontakte machen,
sich sein eigenes Netzwerk aufbauen, kann
unter Umständen ungeahnte Möglichkeiten
bieten. Fragen kostet nichts. Und Gesprächsstoff gibt's genügend.

zeitarbeit

**Klären Sie im Vorstellungsgespräch
einer Zeitarbeitsfirma diese Fragen**

- ✔ Welche Branchen / Kundenklientel
  bedient das Zeitarbeitsunternehmen?
- ✔ Wie lange ist die durchschnittliche
  Einsatzdauer?
- ✔ Wie lange gibt es das Unternehmen
  schon?
- ✔ Was ist die Unternehmensphilosophie?
- ✔ Welche Einsätze habe ich bei meinem
  Werdegang und Profil zu erwarten?
- ✔ Darf ich Einsätze auch ablehnen?
  (weil der Fahrtweg zu lang ist oder
  die Aufgabenstellung zu weit vom
  Qualifikationsprofil entfernt)
- ✔ Welches Gehalt wird mir geboten?
- ✔ Welche Klauseln hinsichtlich vorge-
  schalteter Mindesteinsatzdauer gibt
  es, wenn ich von einem Kunden fest
  übernommen werden möchte?

Der informelle Zugang bietet Ihnen über die
reine Jobsuche hinaus auch die Möglichkeit,
wichtige Informationen rund um das Unternehmen und die Abteilung zu erhalten. Ein
Wissensvorsprung, der spätestens im Vorstellungsgespräch Gold wert ist.

interview

> Ich kann es noch gar nicht glauben! Ich halte die Ein-
> ladung zu einem Vorstellungsgespräch bei meinem Wunsch-
> unternehmen in Händen. Deren Anforderungsprofil deckt
> sich voll mit meinen Kenntnissen, das habe ich auf die
> Anzeige hin überprüft und für mich im Anschreiben
> genutzt. Der Gang zum Fotografen, der meine Person
> optimal eingefangen hat, war eine gute Idee.

DIE SCHRIFTLICHE BEWERBUNG

Es ist soweit, und Sie wissen an welches Unternehmen Sie Ihre Bewerbung richten möchten? Dann dürfen Sie jetzt endlich die professionelle Gestaltung Ihrer »Visitenkarte« in die Hand nehmen.

Mit Ihrer schriftlichen Bewerbung schaffen Sie den ersten Eindruck von Ihrer Person.

Wichtige Kriterien, wie Sorgfältigkeit, Sprachgewandtheit, Überzeugungskraft und Stilsicherheit spielen hier eine Rolle.

Form

Die Anforderung an die Form hat sich in der Vergangenheit kaum verändert. Nach wie vor sollte Ihre Bewerbung inhaltlich aus folgendem bestehen: Anschreiben, Lichtbild, chronologischer Lebenslauf, Zeugnisse, eventuelle Arbeitsproben und auf Wunsch auch Referenzangaben. Wenn Sie möchten, können Sie auch auf einem separaten Blatt ein Kurzstatement zu Ihrer Person abgeben, mit dem Sie dem Leser Auskunft über Ihre Motivation, Ihre Persönlichkeit und Ihre Wertevorstellung bieten. Wenn Sie sich im Ausformulieren nicht ganz sicher sind, lieber weglassen. Zur Form Ihrer Bewerbung gilt außerdem: Sauber, übersichtlich, strukturiert und auf das Wesentliche beschränkt.

Optik

Die Optik beginnt schon beim Kuvert, der Beschriftung und der Briefmarke. Wählen Sie ein helles oder weißes Kuvert. Die Beschriftung kommt darauf besser zur Geltung, und es hebt sich von den braunen Einheitskuverts ab. Schreiben Sie Adresse und Absender handschriftlich mit Füller oder Filzstift. Geben Sie einer schönen, bunten Briefmarke statt einer farblosen Massenware den Vorzug. Und bitte: Unterlagen nicht knicken und Büroklammern weit weg stellen.
Schaffen Sie sich am besten gleich einen Vorrat an Bewerbungsmappen an. Gedeckte, etwas dunklere Töne überstehen Mehrfachbenutzung leichter als helle, schmutzempfindliche Farben. Nehmen Sie bitte nicht das billigste Papier, das sich biegt und unansehnliche Dellen hinterlässt, sobald man es in der Hand hält. Vielleicht geht Ihre Bewerbungsmappe innerhalb des Unternehmens durch mehrere Hände und soll, beim letzten Leser angekommen, immer noch ihre Wirkung erzielen. Legen Sie nur gut leserliche Kopien bei. Auch Klarsichthüllen sollten Sie nur in einwandfreiem Zustand verwenden, am besten keine gebrauchten nehmen.

Anschreiben

Nutzen Sie das Anschreiben, um dem Leser einen guten Eindruck über Ihre fachlichen und vor allen Dingen persönlichen Vorzüge zu vermitteln! Beginnen Sie mit einer kurzen Beschreibung Ihrer aktuellen Tätigkeit, und betonen Sie Ihre positiven fachlichen wie persönlichen Eigenschaften besonders, wenn Sie in Zusammenhang mit dem Anforderungsprofil der Stelle stehen. Bringen Sie auch konkret Ihre Wünsche und Erwartungen zum Ausdruck, so hat dies den Vorteil, dass Sie von vorneherein Klarheit beim Leser schaffen, weil dieser Ihre Erwartungen mit der realen Situation vergleichen kann. Machen Sie sich bitte bewusst, dass Sie möglicherweise aufgrund Ihrer schriftlichen Äußerungen nicht zum Vorstellungs-

 **b e a c h t e n**

✔ Fehlerfreie Orthographie und Interpunktion (mindestens zweimal lesen!)

✔ Das Anschreiben sollte nicht länger als eine DIN A4 Seite sein

✔ Blocksatz

✔ Maschinengeschrieben

✔ Unterschrift nicht vergessen

✔ Privat- und Büronummer oder Mobilnummer angeben (Sie sollten überall erreichbar sein!)

muster

Bewerbungsschreiben auf das Stelleninserat von Seite 39

Andrea Miller · Josephstraße 2 · 80331 München · Tel. privat: 089-44123 · Büro: 089-710011

Hausfreund GmbH
Blümchenstraße 14

81234 München

München, 12.12.00

Betreff: Stelleninserat »Empfangssekretärin«, SZ vom 10.12.00

Sehr geehrte Damen und Herren,

seit zwei Jahren bin ich als Empfangssekretärin eines mittelständischen Versicherungsunternehmens der Bauträgersparte tätig. Zu meinen Aufgaben gehören die Telefonvermittlung, der Umgang und die Empfangsbetreuung der Kunden und Geschäftspartner, die umfassende Terminplanung für zwei Vorgesetzte und die Unterstützung der Chefsekretärin bei der Bewältigung des allgemeinen Schriftverkehrs – aufgrund der internationalen Klientel in Deutsch wie Englisch. Ich beherrsche die MS-Office Anwendungen perfekt und bin gewohnt, das Internet in meine täglichen Routinearbeiten nutzbringend mit einzubinden.

Nachdem unser Büro ab 1.4. in die Zentrale nach Frankfurt verlagert wird, ich aber aus familiären Gründen an München gebunden bin, suche ich ein neues Wirkungsfeld, in das ich meine bisher erworbenen Kenntnisse sinnvoll einbringen kann. Die Arbeit als Empfangssekretärin macht mir viel Spaß, und ich kann meine kommunikativen Fähigkeiten und meine Freude im Umgang mit Menschen gut einsetzen. In mir gewinnen Sie eine absolut vertrauenswürdige, zuverlässige und hilfsbereite Mitarbeiterin, die sich gerne ein kollegiales Team und nette Kollegen wünscht.

Mein frühestmöglicher Einsatzzeitpunkt ist der 1. Februar 2001. Über einen Termin zu einem persönlichen Vorstellungsgespräch würde ich mich sehr freuen!

Mit freundlichen Grüßen
Andrea Miller

gespräch eingeladen werden. Wenn Sie dann davon ausgehen, dass diese Position scheinbar nicht kompatibel mit Ihren Erwartungen an die Aufgabe und das Unternehmen war, ist das Risiko einer Absage erträglich. Vorausgesetzt, Sie stehen zu dem, was Sie wollen.

Werden Sie in einem Stelleninserat dazu aufgefordert Angaben über Ihre Gehaltsvorstellungen zu machen, so können Sie sich beispielsweise folgender Formulierung bedienen: »Gerne erörtere ich die Frage zum Gehalt in einem persönlichen Gespräch.« Wissen Sie jedoch schon konkret, dass Sie unter einem bestimmten Jahresgehalt auf keinen Fall wechseln werden, ist es natürlich sinnvoll diese Angabe zu machen. Mancher Bewerber reagiert auf die Fragestellung mit der Angabe seines Jetzt-Gehaltes. Auch eine passable Möglichkeit.

Lichtbild

Bitte kein Automatenfoto! Ein Lichtbild vom Fotografen ist optimal. Sie können aber auch ein Privatfoto wählen, sofern Sie folgendes beachten: Sie sollten das alleinige Motiv sein, der Hintergrund darf nicht ablenken, die Belichtung und Bildqualität muss richtig gewählt sein, die Bildgröße beziehungsweise der Ausschnitt sollte im Bewerbungsformat sein (6 x 4,5 cm). Schreiben Sie Ihre Adresse auf die Rückseite des Fotos – falls es sich von der Bewerbung löst, kann man es wieder zuordnen. Heften Sie das Foto auf den Lebenslauf oder auf ein separates Blatt. Kleben Sie es bitte nicht auf Ihr Anschreiben! Dieses verbleibt beim Unternehmen, das Foto wird im Falle einer Absage wieder zurückgeschickt.

| So können Sie sich überall bewerben.　　　| So eher bei kreativen Berufen.

Lebenslauf

Der Lebenslauf unterteilt sich in mehrere Blöcke. Die Chronologie muss lückenlos sein, wobei die zeitliche Abfolge, also ob Sie mit dem aktuellen Datum beginnen und rückwärts in die Vergangenheit zählen oder umgekehrt, eine Frage des persönlichen Geschmacks ist. Die Zeitangaben sollten Sie immer mit Monat und Jahr machen.

Im Unterschied zum Beispiel auf der rechten Seite finden Sie auf Seite 56 neben den zusätzlichen Qualifizierungsmaßnahmen jeweils eine stichpunktartige Erklärung des jeweiligen Aufgabenbereiches. Auch wenn Ihre jeweiligen Tätigkeiten in Ihren Zeugnissen näher definiert sind: diese Vorgehensweise ist besonders dann zu empfehlen, wenn gleiche Positionen in Ihrer Aufgabenstellung unternehmensabhängig unterschiedlich sein können. So ist beispielsweise die Aufgabe eines Produktmanagers in dem einen Unternehmen stark marketingorientiert, in dem anderen aber vielleicht sehr vertriebslastig oder gar einkaufsorientiert. Durch die stichpunktartige Tätigkeitsbeschreibung erleichtern Sie dem Leser in jedem Fall die Beurteilung Ihres Werdegangs hinsichtlich des Anforderungsprofils der zu besetzenden Stelle.

Die Angaben im Lebenslauf sollten genau auf inhaltliche und chronologische Stimmigkeit überprüft werden.

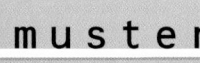

muster

Chronologisch aufgebauter, einfacher Lebenslauf

Andrea Miller · Josephstraße 2 · 80331 München · Tel. privat: 089-44123 · Büro: 089-710011

LEBENSLAUF

Persönliche Daten:

Name:	Andrea Miller (geb. Findus)
Anschrift:	Josephstraße 2, 80331 München
Geburtsdatum/-ort:	1.1.1970 in Ludwigshafen
Familienstand:	verheiratet, ohne Kinder
Nationalität:	Deutsch

Schulausbildung:

1981–1990	Freiberg Gymnasium, Ludwigshafen, Abschluss: Abitur

Berufsausbildung:

09/91-06/93	Bürokauffrau, Hagen GmbH, Ludwigshafen

Berufspraxis:

07/93-05/94	Anfangssekretärin, Fa. Hagen GmbH, Ludwigshafen
06/94-12/98	Vertriebssekretärin, Fa. Hagen GmbH, Ludwigshafen
02/99 bis dato	Empfangssekretärin, Versicherung/Bauträger, München

Sprachen:	gute Englischkenntnisse in Wort und Schrift, Französisch-Grundkenntnisse
EDV:	sehr gute MS-Office Kenntnisse
Hobbies:	Tanzen, Radfahren, Lesen

München, 12.12.2000

muster

Chronologisch aufgebauter Lebenslauf mit Zusatzqualifikationen und Erläuterungen

Andrea Miller · Josephstraße 2 · 80331 München · Tel. privat: 089-44123 · Büro: 089-710011

LEBENSLAUF

Persönliche Daten:
Name:	Andrea Miller (geb. Findus)
Anschrift:	Josephstraße 2, 80331 München
Geburtsdatum/-ort:	1.1.1970 in Ludwigshafen
Familienstand:	verheiratet, ohne Kinder
Nationalität:	Deutsch

Schulausbildung:
1981–1990	Freiberg Gymnasium, Ludwigshafen. Abschluss: Abitur

Berufsausbildung:
09/91–06/93	Bürokauffrau, Hagen GmbH, Ludwigshafen

Berufspraxis:
07/93–05/94	Anfangssekretärin, Hagen GmbH, Ludwigshafen Geschäftsführungssekretariat Vertrieb, allgemeiner Schriftverkehr nach Diktat/Band
06/94–12/98	Vertriebssekretärin, Hagen GmbH allgemeine Sekretariatsaufgaben, Führen von Vertriebsstatistiken, Vorbereitung von Präsentationen
02/99 bis dato	Empfangssekretärin, Versicherung/Bauträger, München Kundenbetreuung, Schriftverkehr, Telefon

Weiterbildung:
09/95–06/96	Sekretärinnen-Zertifikat, Zeisig-Akademie – Abendschule, München
02/98–04/98	Englischsprachkurs, Higher Certificate, London Business School, München
01/99	Sprachreise Schottland

Sprachen: gute Englischkenntnisse in Wort und Schrift, Französisch-Grundkenntnisse

EDV: sehr gute MS-Office Kenntnisse

Hobbies: Tanzen, Radfahren, Lesen

München, 12.12.2000

Zeugnisse, Arbeitsproben, Referenzen

→ **Arbeitszeugnisse,** auch Zwischenzeugnisse, müssen in Kopie vorhanden sein, selbst wenn es sich um kurze Arbeitsverhältnisse handelt.

→ **Schulzeugnisse** sind nur dann für die Bewerbung interessant, wenn Sie Berufseinsteiger sind. Liegt Ihre Schulzeit schon länger zurück, können Sie auf Schulzeugnisse verzichten. Abiturzeugnis und Diplom sollten Ihrer Bewerbung jedoch beigefügt sein.

→ **Arbeitsproben** mitzuschicken, ist bei manchen Berufen zu empfehlen. Dies gilt vor allem für den künstlerischen oder journalistischen Bereich.

→ **Referenzen** müssen Sie in der Regel nur auf Wunsch des Unternehmens angeben. Wenn überhaupt werden Sie erst im persönlichen Vorstellungsgespräch danach gefragt. Referenzadressen unaufgefordert in der Bewerbung mitzuteilen ist also nicht üblich. Werden Sie im Bewerbungsgespräch darum gebeten, sollten Sie zwei Personen nennen können, die aus ihrer Funktion heraus eine Beurteilung über Ihre Leistung und Ihr Verhalten treffen können. Haben Sie sich mit einer dieser Referenzadressen im »Unguten« getrennt und besteht der Interviewer auf dessen Referenz, so schildern Sie bitte von sich aus, weshalb es sein könnte, dass dieser Referenzgeber möglicherweise nicht in Ihrem Sinne argumentiert.

Wird ein ehemaliger Arbeitgeber um eine solche Referenzauskunft über einen früheren Mitarbeiter gebeten, gelten übrigens unge-

Die Anlagen Ihrer Bewerbung müssen vollständig und übersichtlich sein.

schriebene Gesetze: die Referenz muss sachlich und wahrheitsgetreu sein, ohne sich absichtlich negativ auf die Erfolgschancen einer neuen Anstellung des Ex-Mitarbeiters auswirken zu dürfen. Ähnlich wie in der Zeugnissprache darf wörtlich nichts konkret Schädigendes über den Mitarbeiter ausgesagt werden.

Wie Sie Ihre Arbeitszeugnisse interpretieren dürfen, oder besser gesagt, wie Ihr künftiger Arbeitgeber dies tut, erfahren Sie im folgenden Abschnitt.

Zeugnissprache

Dass Arbeitszeugnisse nicht offenkundig über Fehlverhalten oder Fehlleistungen des ehemaligen Mitarbeiters Auskunft geben dürfen, um diesem am Arbeitsmarkt nicht zu schaden, haben Sie schon erfahren. Trotzdem können Zeugnisse verklausuliert viele wichtige und darunter auch durchaus negative Botschaften über den Bewerber enthalten. Bei genauer Kenntnis der üblichen Floskeln, erfährt der erfahrene und geübte Leser jede Menge interessanter Hinweise, sozusagen zwischen den Zeilen, denn nicht nur auf einzelne Satzformulierungen kommt es in der Zeugnissprache an, sondern auch auf deren entsprechende Wirkung im Gesamtzusammenhang.

Alles eine Frage der Formulierung

Schwierig macht die Interpretation der Zeugnissprache der Umstand, dass nicht davon ausgegangen werden kann, dass jeder Zeugnisschreiber Kenntnis über die verwendeten Formulierungen und deren Aussagekraft hat. So kann es passieren, dass ein Zeugnis – in bester Absicht geschrieben – einen negativen Touch erhält, weil aus Unwissenheit falsche Formulierungen verwendet wurden.

Für den Zeugnisleser beziehungsweise künftigen Arbeitgeber bedeutet dies, dass er darauf achten sollte, wer oder welche Firma das Zeugnis erstellt hat. Größeren Unternehmen oder Unternehmen mit einer eigenen Personalabteilung, die auch Unterschrift auf dem Zeugnis leistet, unterstellt man diese Fachkenntnis der Zeugnissprache und die damit entstandene Absicht der Formulierung. Bei kleineren Unternehmen oder Personen, die meist selten mit dem Erstellen von Arbeitszeugnissen konfrontiert werden, zieht man eine eventuell vorhandene Unkenntnis bei der Zeugnissprache und deren Interpretationsmöglichkeiten in Betracht.

Für Sie als Zeugnisempfänger bedeutet dies, dass Sie beim Erhalt Ihres Zeugnisses sorgfältig überprüfen sollten, welche Aussagen über Ihr Verhalten und Ihre Leistung getroffen wurden. Sie haben einen Anspruch darauf, Formulierungen, mit denen Sie nicht einverstanden sind, ändern zu lassen.

Was gehört ins Zeugnis?

→ **Aufgabenbeschreibung:** Nachdem im ersten Abschnitt bestätigt wird, in welchem Zeitraum und in welchen jeweiligen Funktionen Sie für das Unternehmen tätig waren, folgt Ihre Aufgabenbeschreibung. Sie kann stichpunktartig gelistet oder in ganzen Sätzen ausformuliert sein. Achten Sie darauf, dass wirklich alle wichtigen Punkte vorhanden sind. Denken Sie daran, dass unter Umständen auch Angaben zu Ihrer hierarchischen Stellung gemacht werden müssen. Das impliziert zum Beispiel die Nennung der Tatsache, dass Sie in Ihrer Funktion direkt an den Geschäftsführer berichtet haben oder Sie Personalverantwortung zu tragen hatten. Zur Aufgabenbeschreibung kann eine eventuell vorhandene Stellenbeschreibung als Formulierungshilfe herangezogen werden.

→ **Leistungs- und Verhaltensteil:** Dieser Abschnitt stellt mit den interessantesten Teil Ihres Zeugnisses dar und bietet den meisten Anlass zur Zeugniskorrektur. Er soll zum einen aussagekräftige Auskunft über Ihre Leistung geben und zum anderen ein vielschichtiges Urteil über Ihr Verhalten liefern. Hier im Kontext zu lesen, ist unentbehrlich. Durch Weglassen von Angaben oder aber durch Überbetonung unwichtiger Dinge, können beispielsweise unliebsame Eigenschaften verschlüsselt hervorgehoben werden. Die Kürze beziehungsweise Länge des Leistungs- und Verhaltensteils, insbesondere im Vergleich zur Länge des übrigen Zeugnistextes betrachtet, ist ebenfalls sehr aufschlussreich. Ist dieser Textteil verhältnismäßig mager ausgefallen, waren es vermutlich auch die Leistungen.

Hatten Sie Personalverantwortung, so achten Sie darauf, dass Ihr Zeugnis auch Angaben über Ihre Führungsfähigkeiten und Ihren Führungsstil macht. Eigenschaften, die Sie zu Ihren besonderen Stärken zählen und die zu positiven Arbeitsergebnissen geführt haben, finden ebenfalls Beachtung in diesem Zeugnisabschnitt. Je detaillierter und »liebevoller« der Leistungs- und Verhaltensteil ausformuliert ist, desto besser und wirkungsvoller ist der Eindruck.

Am besten Sie machen sich eine Checkliste: Findet zum Beispiel Ihr Organisationsgeschick, Ihre Belastbarkeit, Ihre Kommunikationsstärke und Ihre ziel- und ergebnisorientierte Arbeitsweise genügend Anerkennung im Zeugnistext? Oder Ihr Verhandlungsgeschick mit Kunden und Geschäftspartnern? Ihre Teamfähigkeit und Ihr Engagement? Wenn Sie sich bei der Zusammenstellung schwertun, kann Ihnen das aus dem ersten Kapitel bereits bekannte Persönlichkeitsprofil helfen.

klauseln und wahrheit

»Sie erledigte alle Aufgaben mit großem Fleiß und Interesse.«

Hier fehlt der Bezug zum Arbeitsergebnis! Gemeint ist: Sie war sehr interessiert, hat aber nichts zustandegebracht.

»Sie erledigte alle Aufgaben mit großer Sorgfalt und Ausdauer.«

Auch hier gibt es keine Angaben zum Arbeitsergebnis. Gemeint ist: Sie war langsam und konnte mit dem gewünschten Tempo nicht mithalten.

»Ihr Verhalten zu Kollegen und Kunden war immer einwandfrei.«

Hier fehlen die Angaben über das Verhalten zum Vorgesetzten. Gemeint ist: Mit dem Chef ist sie nicht klargekommen.

»Er erfüllte die ihm übertragenen Aufgaben zur vollen Zufriedenheit.«

Hier fehlt der Zeitbezug, zum Beispiel: stets oder immer. Gemeint ist: Manchmal war er gut zu gebrauchen, manchmal nicht.

»Bei den Kollegen war sie sehr beliebt.«

Gemeint ist: Geselligkeit war wichtiger als die Arbeit.

Beendigungsfloskeln

Im letzten Teil des Zeugnisses erfährt der Leser, auf wessen Veranlassung hin das Arbeitsverhältnis gelöst wurde und zu welchem Zeitpunkt. Der vorhandene oder fehlende Dank für die geleistete Mitarbeit sowie die Bedauerungsfloskel geben an dieser Stelle zusätzlichen Aufschluss über die Wertschätzung der Zusammenarbeit. Eine Weiterempfehlung ist weniger üblich, kann aber je nach Kündigungsgrund erfolgen, zum Beispiel dann, wenn das Arbeitsverhältnis aus betriebsbedingten Gründen gekündigt wurde und man den bedauerlicherweise verlorenen Mitarbeiter durch diese Formulierung auf der Suche nach einem neuen Arbeitsplatz unterstützen möchte. Ein betriebsbedingter Kündigungsgrund liegt übrigens dann vor, wenn der Arbeitsplatz aufgrund von Rationalisierungsmaßnahmen oder Unternehmensfusionierungen wegfällt, und die Stelle auch nicht mehr neu besetzt wird. In diesem Fall ist eine konkrete Ausformulierung des Kündigungsgrundes im Zeugnis wichtig, damit kein negativer Eindruck über die wahre Kündigungsursache beim Zeugnisleser entsteht.

Endet das Arbeitsverhältnis in beidseitigem Einvernehmen sind Sie schnell in Erklärungsnot: hier wird der Leser besonders aufmerksam, versteckt sich doch oft eine arbeitgeberseitig initiierte Kündigung dahinter. Heißt es lediglich:»das Arbeitsverhältnis endet zum xx«, weiß der Leser, dass es sich ganz sicher um eine arbeitgeberseitige Kündigung handelt und dass etwas Schwerwiegendes vorgefallen sein muss.

Formulierungen und ihre Interpretationen

»Das Arbeitsverhältnis wurde auf Wunsch von Frau Miller zum 31.07.2001 beendet, da sie sich entschlossen hat, eine neue Herausforderung in einem anderen Unternehmen anzunehmen. Wir bedauern diesen Entschluss sehr und bedanken uns für die geleistete, wertvolle Mitarbeit.«
Gemeint wird: Die Mitarbeiterin hat aus eigenem Entschluss gekündigt, weil sie sich positiv verändern möchte. Das Ausscheiden der wertvollen Mitarbeiterin wird vom Unternehmen wirklich bedauert.

»Das Arbeitsverhältnis mit Frau Miller endet im beidseitigem Einvernehmen zum 31.07.2001. Wir wünschen Frau Miller auf Ihrem weiteren Berufsweg alles Gute.«
Gemeint wird: Hier hat es offensichtlich Probleme in der Leistung und/oder im persönlichen Verhalten gegeben, die zu einer arbeitgeberseitig veranlassten Kündigung geführt haben. Die Annahme wird durch das Fehlen der Bedauerungsfloskel verstärkt.

»Das Arbeitsverhältnis endet aus betriebsbedingten Gründen zum 31.7.2001, da wir uns entschlossen haben, unseren Geschäftssitz in Frankfurt aufzugeben. Wir bedauern, durch diesen Umstand eine wertvolle Mitarbeiterin zu verlieren und wünschen Frau Miller auf ihrem weiteren Berufsweg weiterhin viel Erfolg und alles Gute.«
Gemeint wird: Die Beendigung des Arbeitsverhältnisses wird echt bedauert, die Mitarbeiterin hat gute Arbeit geleistet.

»Das Arbeitsverhältnis endet zum 31.07.2001. Wir bedanken uns für die Mitarbeit.« Gemeint wird: Der Arbeitgeber ist froh, diesen Mitarbeiter endlich losgeworden zu sein.

Zeugnisarten

→ **Einfaches Zeugnis:** Waren Sie nur kurz als Aushilfe in einem Unternehmen tätig, haben Sie lediglich Anspruch auf ein sogenanntes einfaches Zeugnis. Der Arbeitgeber gibt darin Auskunft über die Dauer Ihres Einsatzes, Ihre bekleidete Funktion und den Arbeitsbereich oder die Abteilung, in der Sie beschäftigt waren. Eine Aussage über Ihre Leistung muss er nicht erbringen.

→ **Qualifiziertes Zeugnis:** Ein qualifiziertes Zeugnis enthält konkrete Aussagen zur einzelnen Aufgabenstellung, zu Ihrer Leistungserbringung und zu den Beendigungsgründen.

→ **Zwischenzeugnis:** Ein Zwischenzeugnis entspricht in Quantität und Qualität einem qualifizierten Zeugnis. Verlangen Sie bitte immer dann ein Zwischenzeugnis, wenn sich Ihre Aufgabenstellung gravierend ändert oder Ihr Vorgesetzter wechselt. Bitten Sie um ein Zwischenzeugnis ohne einen ersichtlichen Grund, wird dies immer als Veränderungsabsicht gewertet und zieht meist entsprechende Personalgespräche nach sich. Taktisch angewandt, kann sich dies auch durchaus vorteilhaft für Sie auswirken. Nämlich dann, wenn Sie bereit sind, offen über Ihre ehrlichen Wechselgedanken zu sprechen und davon ausgehen können, dass Ihr Vorgesetzter künftige Veränderungsmaßnahmen mit Ihnen vereinbaren wird, die zu einer neuen Arbeitsplatzzufriedenheit Ihrerseits führen können. Beachten Sie aber bitte, dass Sie ein gutes Gefühl dafür benötigen, ob Ihr Chef wirklich daran interessiert ist, Sie als wertvollen Mitarbeiter behalten zu wollen. Wenn nicht, landet der Ball unter Umständen im eigenen Tor, nach dem Motto: »Reisende soll man nicht aufhalten«.

tipp

Wenn Ihr Chef verlangt, dass Sie Ihr Zeugnis selbst schreiben, sollten Sie gut überlegen:

✔ Kenne ich den Zeugnisaufbau und die Zeugnissprache?

✔ Kann ich mich selbst ausreichend beurteilen?

✔ Wird mein Chef meinen Entwurf unterschreiben?

Wenn es unbedingt sein muss, liefern Sie Ihrem Chef die entsprechenden Angaben zu Ihrer Aufgabenstellung. Den Leistungsteil jedoch übernehmen nicht Sie, sondern lassen ihn von Ihrem Chef formulieren. Gefällt Ihnen das so entstandene Zeugnis nicht, machen Sie Ihre Änderungsvorschläge und legen es erneut Ihrem Chef vor. Notfalls diskutieren Sie. »Miese« Formulierungen brauchen Sie nicht zu akzeptieren.

interview

Ich hätte nie gedacht, welche Fragen mir im Interview so alles begegnen können. Nicht nur fachlicher
Natur, vor allem meine persönliche Einstellung zur
Arbeit war dem Interviewer sehr wichtig. Um ehrlich
zu sein, hat er mir dadurch aus der Seele gesprochen. So wissen wir jetzt beide, ob wir auch
menschlich zueinander passen.

DAS VORSTELLUNGSGESPRÄCH

Kleider machen Leute

Beobachten Sie einmal Ihre Mitmenschen, beispielsweise im Bus oder auf der Straße und versuchen Sie folgende Sätze zu formulieren: »Ich sehe (hier folgt die Beschreibung Ihrer objektiven Wahrnehmung bezüglich Klei-dung, Frisur und so weiter) und ich denke (hier folgt die Beschreibung Ihres subjektiven Urteils)«. Ihr Satz könnte sich beispielsweise so anhören: »Ich sehe eine Frau mit dunkel-blauem Kostüm und Aktentasche, und ich denke, das ist bestimmt eine erfolgreiche Ge-schäftsfrau.« Oder so: »Ich sehe einen etwa 70-jährigen braungebrannten Mann mit Base-ballkappe, offenem Hawaiihemd und Bermu-das und denke, dieser Mann kann es nicht ertragen älter zu werden.«

Unglaublich, welche Kette von Assoziationen in uns abläuft, wenn wir von der Kleidung auf den Menschen schließen. Persönliche Eigenschaften wie sportlich, unsicher, modebewusst, bieder, langweilig, souverän, erfolgreich, kleinkariert, unordentlich, mausgrau, konservativ, stilvoll, schräg, unangepasst, geschmacklos, gepflegt und so weiter werden den Trägern zugeschrieben – gleich auf den ersten Blick. Damit kein falscher Eindruck entsteht: natürlich ist der Inhalt dessen, was Sie im Bewerbungsgespräch sagen und wie Sie es vortragen äußerst wichtig. Ihre Kleidung und Optik aber eben auch. Ein Vorstellungsgespräch haben Sie sicher nicht alle Tage, und Ihr Gesprächspartner darf von Ihnen erwarten, dass Sie Ihre Kleidung hierfür mit Sorgfalt auswählen. Sorg-

tipp

Wussten Sie, dass 54 % der Gesamtwirkung eines Redners auf die Optik zurückzuführen sind, 37 % der Tonfall die Wirkung der Rede bestimmt und nur 9 % der Inhalt ausmacht?

Der erste Eindruck, der über Sympathie und Antipathie entscheidet, dauert nur vier Sekunden. Es ist also angebracht, sich ein paar Gedanken zu Ihrem Bewerbungs-Outfit zu machen.

fältige Kleidung ist schlichtweg eine Frage von gegenseitiger Aufmerksamkeit und Achtung. Ihr Auftritt sollte immer in Bezug zur Funktion und Position, für die Sie sich bewerben, stehen. Wenn Sie sich in Kostüm oder Anzug mit Krawatte gänzlich maskiert und unwohl fühlen, lassen Sie das gute Stück lieber zu Hause im Schrank. Kleiden Sie sich ausgewählt, aber so, wie der Arbeitgeber erwarten darf, Sie künftig häufiger im Betrieb anzutreffen. Ihre Kleidung muss ordentlich, gepflegt, weder zu spleenig modisch noch zu altmodisch sein und sollte nicht von Ihrer Person ablenken, sondern Ihren Typ unterstreichen.

Wie formell die Kleidung ist, hängt auch von der angestrebten Position und der Branche ab.

→ don'ts

Don'ts for men	Don'ts for women
✔ Weiße oder stark gemusterte Socken	✔ Lädierte Absätze
✔ Abgetragene, ungepflegte Schuhe	✔ High Heels
✔ Goldkettchen, Ohrringe, oder ähnlich auffällige Schmuckteile	✔ Tiefe Ausschnitte
✔ Unrasierter 3-Tage-Bart	✔ Minis
✔ Jeans (Ausnahme: wenn sie im Unternehmen 100 prozentig als Standardbekleidung zu erwarten sind)	✔ Jeans (Ausnahme siehe Männer)
	✔ Vamp-Look
	✔ Durchsichtige oder zu enge Kleidung
✔ Krawatten mit Motivdruck (Micky Maus)	✔ Lange, lackierte Fingernägel
✔ Mehr als drei Farben	✔ Viel Schmuck
✔ Abgetragene Anzüge	✔ Grelle Schminke
✔ Synthetische Stoffe (Schwitzware)	✔ Grelle Farben
	✔ Dicke Parfümwolken
✔ Mehr als ein Hauch Parfüm	✔ Ungepflegte oder knallig gefärbte Haare

Do's for all

Im Zweifel geben Sie den gedeckteren Tönen den Vorzug oder frischen Ihr Outfit mit nur einer dominanten Farbe auf. Natürlichkeit ist Trumpf – dies gilt vor allem für Frisur und Make-up. Besonders achten Interviewer auf das Schuhwerk und auf gepflegte Hände – bei Männer und Frauen!

Die Kleidung für ein Vorstellungsgespräch sollte sorgfältig ausgesucht werden und den eigenen Typ unterstreichen.

Die Sprache des Körpers

gute körperhaltung

Über 90 % des Gesamteindrucks eines Menschen wird von der körpersprachlichen Ausstrahlung während des Sprechens bestimmt. Zu ihr gehören vor allem die Haltung, die Gestik, die Mimik, der Blickkontakt.

Die Haltung

»Bauch rein, Brust raus!« Als Kinder fanden wir es mal anstrengend, mal lustig, was da von uns verlangt wurde. Wie wichtig die richtige Körperhaltung für die Gesundheit ist, wissen wir spätestens, seit uns Rückenschmerzen plagen. Doch es steckt noch viel mehr dahinter. Die Körperhaltung entspricht immer auch unserer inneren Haltung und Einstellung. Ebenso wird durch den körpersprachlichen Ausdruck die inhaltliche Ebene eines Gesprächs gespiegelt. So drückt eine zugeneigte Körperhaltung eine zustimmende Einstellung oder großes Interesse aus, während größer werdende Distanz Desinteresse, Ablehnung oder Widerspruch zeigt. Eine in sich stabile Haltung, ausgedrückt durch einen geraden, aufrichten Gang, lässt auch einen entsprechenden Charakter vermuten. Eine gebeugte, spannkraftlose Haltung wirkt dagegen instabil und nicht belastbar. Wechseln Sie Ihre Körperhaltung zu häufig im Gespräch, wirken Sie unruhig und nervös. Eine Inkongruenz zwischen Worten und Körperhaltung nehmen wir bei unseren Gesprächspartnern als störend wahr. Stellen Sie sich vor, jemand erzählt Ihnen mit hängendem Kopf, starrem Blick und müder Stimme, wie gut es ihm geht. Sie glauben ihm kein Wort, sondern glauben, was Sie sehen, und nicht was Sie hören.

- ✔ Sitzen Sie natürlich und aufrecht auf Ihrem Stuhl. Wenn Sie sich dabei nahe am Tisch und leicht nach vorne gebeugt in Richtung Ihres Gesprächspartners halten, unterstreicht dies ebenfalls Ihre Aufmerksamkeit und Ihr Interesse.

- ✔ Vermeiden Sie das Verschränken der Arme. Diese Schutzhaltung wird als Barriere verstanden und wirkt störend auf ein offenes Gespräch.

- ✔ Ihr Gesäß bedeckt die gesamte Stuhlfläche. Bitte nicht auf dem Stuhlrand sitzen und wippen.

- ✔ Übereinandergeschlagene Beine haben immer ein richtungsweisendes Knie. Zeigt Ihr Knie zum Interviewer, zeugt dies von Beachtung. Zeigt es weg, wirkt es eher distanziert.

- ✔ Wechseln Sie Ihren Beinen zuliebe ab und zu die Stellung. Probieren Sie aus, wie es sich anfühlt, beide Beine auf den Boden zu stellen und in Erdkontakt zu gehen.

Die Gestik

Hände und Arme sind die Ausdrucksmittel der Gestik und unterstreichen Ihre Stimmungen und Gefühle. Temperamentvolle Menschen bedienen sich oft lebhafter Gestikulierungen. Introvertiertere oder auch unsichere Menschen nehmen sich in der Gestikulierung eher

→ gestik

✔ Vergraben Sie Ihre Hände nicht unter der Tischkante oder in der Hosentasche. Dadurch entsteht eine unsichere Wirkung, die beim Gegenüber den Eindruck hinterlässt, als ob Sie etwas zu verbergen hätten.

✔ Ihre Hände haben in Ihrem Gesicht nichts verloren, besonders nicht am Mund oder Kinn. Dadurch sprechen Sie automatisch deutlicher.

✔ Vermeiden Sie Achselzucken. Auch wenn Sie keine Antwort auf die Frage Ihres Gesprächspartners wissen. Achselzucken wirkt ratlos, schwach und überfordert. Stellen Sie lieber eine Gegenfrage und gewinnen dadurch Zeit für eine Antwort.

✔ Legen Sie Kugelschreiber, Büroklammern und dergleichen aus Ihrer Hand. Sie animieren nur zum Spielen und lassen Sie nervös und unkonzentriert wirken.

zurück. Eine abfällige Handbewegung oder aber applaudierende Hände sagen oft mehr als tausend Worte. Offene Hände gehören zu offenen Menschen und zeigen: schau her, ich habe nichts zu verbergen. Im Bewerbungsgespräch sollte Ihre Gestik der Situation angemessen und nicht übertrieben sein.

Mimik

Unser Gesichtsausdruck scheint unsere Gedanken und die damit einhergehende Gefühlslage zu spiegeln. Durch Mimik übertragen wir Stimmungen. Es gibt Menschen mit ausgeprägten mimischen Gesichtern und Menschen, deren Gesichtsausdruck sich kaum je wesentlich zu verändern scheint. Menschen, deren Gesicht ein offenes Buch darstellt und Menschen, bei denen wir nie genau wissen, wie es in ihnen aussieht. Positive Grundeinstellungen werden durch eine positive, optimistische Mimik ausgedrückt. Verbitterung, Kummer und Sorgen hinterlassen ebenfalls Spuren in unseren Gesichtern. Schließlich kann man sagen, dass unser Gesicht unser Leben widerspiegelt – um so mehr, je älter wir werden.

Lächeln öffnet Herz und Türen

Lächeln Sie zur Begrüßung und auch zwischendrin, wenn Ihnen danach ist und es in die Situation passt. Es signalisiert eine positive Grundstimmung. Wirkt Ihr Gesichtsausdruck offen und interessiert, macht es Sie gleich sympathischer. Und wenn Sie etwas nicht verstanden haben, fragen Sie lieber nach, bevor Sie nur die Stirn runzeln und schmale Augen machen, sonst missversteht man Ihre Mimik schnell als überkritisch und verschlossen.

Unsere Mimik wird ausgedrückt durch:
→ hängende oder hochgezogene Mundwinkel
→ schmale, zusammengepresste oder weiche, volle Lippen
→ offener oder geschlossener Mund
→ hoch- oder weit zusammengezogene Augenbrauen

→ offene oder zugekniffene Augen
→ stark oder schwach ausgeprägte Augenfalten
→ in Falten gezogene oder glatte Stirn.

Die Mimik lässt sich beeinflussen durch:
→ Frisur: Haare können Teile des Gesichts verdecken.
→ Bartwuchs: Durch den Bart werden Teile des Gesichtes versteckt, aber auch betont.
→ Brille: Eine Brille kann den Gesamtgesichtsausdruck wesentlich verändern, kann lehrerhaft, konservativ, dezent, aber auch aufgeschlossen und modern wirken.
→ Make-up: Die Wundertricks aus der Tube können unser Gesicht neu modellieren.
→ Schmuck: Die gleiche Frau, das gleiche Lächeln, nur einmal mit Perlenkette und einmal mit Nasenpiercing – die Wahl des Schmucks verändert auch die mimische Ausstrahlung.
→ Kleidung: Über die Farbwahl ist der Gesichtsausdruck gestaltbar. Dies gilt vor allem für Ihre Oberbekleidung.
→ Gesten: Der vorhandene Gesichtsausdruck wird durch die jeweiligen Gesten wirkungsvoll unterstützt.

Blickkontakt

Der Blickkontakt ist unser wichtigstes Ausdrucksmittel. Im Augenausdruck lesen wir Energie und Spannung ab, Gefallen und Missfallen, Aufmerksamkeit und Desinteresse. Ohne Augenkontakt ist keine Beziehung möglich, ohne Beziehung kein Zuhören, ohne Zuhören kein Gespräch. Mit den Augen nehmen wir direkte Verbindung zu unserem Gegenüber auf.

blickkontakt

✔ Schauen Sie Ihrem Gegenüber offen in die Augen. Blickkontakt signalisiert Aufmerksamkeit und Wertschätzung.

✔ Blicken Sie auf die Nasenwurzel Ihres Gegenübers, verunsichert dies selbst auf größere Distanz sehr und sollte vermieden werden. Denn egal wie Ihr Gegenüber Sie ansieht, er schaut immer an Ihrem Blick vorbei.

✔ Sprechen Sie nicht mit Ihrem Gegenüber, wenn Sie dabei keinen Blickkontakt haben, zum Beispiel weil Sie gerade Ihre Visitenkarte in der Tasche suchen. Sie wirken dadurch unhöflich.

✔ Nehmen mehrere Personen an dem Gespräch teil, wählen Sie Ihren Sitzplatz so, dass Sie mit allen in Blickkontakt gehen können. Ist dies nicht möglich, denken Sie daran, während Sie reden, Ihren Kopf auch in die Richtung derer zu drehen, die Sie sonst nicht anblicken. Dadurch beziehen Sie alle Anwesenden mit ein.

Umgang mit Nervosität

Unser Körper spricht, wie er sich fühlt und lässt sich nur schwer zu Verhaltensänderung bewegen, entspringt diese nicht unserem echten Befinden. Aufregung, oder wie der Volksmund gerne sagt: Lampenfieber, erzeugt oft nervöse Gesten, trockenen Mund, unrhythmische Atmung und verkrampfte Haltung. Im schlimmsten Fall fahren unsere Gedanken Achterbahn, und unsere Worte bleiben uns buchstäblich im Halse stecken.

Schön, wenn Sie Methoden oder Übungen für sich entdeckt haben, die beruhigend auf Sie wirken. Wenn nicht, sprechen Sie einfach das aus, was Ihr Gegenüber im Gespräch ohnehin sofort wahrnimmt: »Tut mir leid, aber ich bin ziemlich aufgeregt und habe mich sehr über Ihre Gesprächseinladung gefreut.« Dieser Satz hat den Vorteil, dass er offen und sympathisch wirkt und seine Aussage mit Ihrem Verhalten authentisch ist. Ihr Gegenüber wird so die Stimmung leichter auffangen und sorgsam und unterstützend mit Ihnen umgehen können.

Bietet man Ihnen während des Vorstellungsgespräches etwas zu trinken an, sagen Sie nicht nein. Bedenken Sie, dass Sie über längere Zeit reden und sich konzentrieren müssen. Ihr Körper freut sich über die Flüssigkeitszufuhr und Ihre »Bestellung« lockert die Anfangsatmosphäre auf. Mancher Bewerber vergisst vor lauter Aufregung oder vom vielen Erzählen zu trinken und lässt sein volles Glas oder den Kaffee stehen. Das wirkt nicht unbedingt sehr souverän. Wer bestellt hat, sollte auch trinken! Angebotenes Gebäck kann für nicht so ganz selbstbewusste oder gesprächsroutinierte Bewerber tückisch sein. Haben Sie Bedenken zuzugreifen, weil Sie unter Umständen mit vollem Mund eine Frage gestellt bekommen, lassen Sie die Plätzchen lieber auf ihrem Teller.

Schauspieler sind unerwünscht!

Oft stellen sich Bewerber die Frage: wie muss ich mich im Vorstellungsgespräch verhalten, um den Job zu bekommen? Die erste Grundregel: Bleiben Sie sich selbst treu. Schauspieler sind unerwünscht! Spielen Sie sich selbst zuliebe Ihrem Gegenüber während des Bewerbungsgespräches nichts vor. Irgendwann kommt die Wahrheit ja doch ans Licht – meist schon bevor Sie den Arbeitsvertrag unterschrieben haben. Der geschulte Interviewer wird Sie schnell entlarven und weg ist der Job. Der weniger kluge Interviewer stellt Sie ein, und Sie werden beide

Blickkontakt und natürliches Auftreten sind Voraussetzung für den Erfolg des Gesprächs.

nicht glücklich. Der Arbeitgeber hat eine Mogelpackung gekauft, und Sie stellen nach wenigen Wochen fest, dass Sie schon wieder daneben gegriffen haben.

Zu Fehlern stehen

Stehen Sie zu Ihren Fehlentscheidungen oder misslungenen Arbeitsversuchen in Ihrem beruflichen Werdegang. Zeigen Sie, welche Erkenntnisse Sie daraus gewonnen haben und besinnen Sie sich auch auf Ihren eigenen Anteil daran, aber sachlich, kurz, knapp und klar. Das zeugt von einem gehörigen Maß an Ehrlichkeit und emotionaler Intelligenz, wirkt vertrauenserweckend und fördert Offenheit im Bewerbungsgespräch. Sie zeigen dadurch, wie Sie erlebte Situationen einschätzen können, und wie sehr Sie in der Lage sind, mit Krisensituationen umzugehen, sie zu reflektieren und daraus zu lernen.

Umgang mit Arbeitspausen

Wer nach der Ausbildung, dem Studium oder zwischen zwei Jobs keinen lückenlosen Wiedereinstieg in eine neue Aufgabe gefunden hat, kann dies als persönliche Orientierungsphase darstellen. Besser ist es, wenn Sie in dieser Zeit Aktivitäten zu Ihrer beruflichen oder persönlichen Weiterbildung unternommen haben. Das kann ein Sprachkurs gewesen sein (in der Regel fragt Sie niemand nach einem Beweis) oder eine PC-Schulung, oder Sie haben zuhause die Eltern unterstützt oder sich endlich Zeit genommen, Ihre langersehnte Amerika-Reise zu starten, zu der Sie so schnell nicht mehr gekommen wären, sind Sie erst mal wieder unter Vertrag. Schließlich sind Sie jemand, der

sich dann voll auf seine Aufgabe konzentriert. Längere Phasen der Arbeitslosigkeit sind oft schwieriger zu erklären. Lenken Sie die Aufmerksamkeit im Gespräch darauf, wie Sie es geschafft haben, aus dieser Situation wieder herauszukommen, und verwenden Sie nicht zuviel Zeit und Erklärung darauf, wie verzweifelt Sie dachten, nie wieder eine vernünftige Arbeit zu finden. Kurzum, verweilen Sie nicht länger bei diesem Thema, als der Interviewer von Ihnen erwartet! Sie haben eine Stunde, um zu siegen!

Rhetorische Grundregeln

Es bedarf nur ein paar weniger Grundregeln der Kommunikation, um im Bewerbungsgespräch souverän und ungezwungen zu wirken. Hierbei geht es nicht um das Vorformulieren von Antworten auf mögliche Fragen des Interviewers, sondern vielmehr um das Erlangen einer sprachlichen Wendigkeit und die Kunst des sogenannten aktiven Zuhörens. In Kombination mit einer wohldosierten Körpersprache werden Sie so zu einem angenehmen, interessanten und besonders achtbaren Gesprächspartner.

Stilmittel Reflexion

»Wenn ich Sie richtig verstanden habe, meinen Sie, dass …«
Durch das Wiederholen oder Zusammenfassen einer Aussage spiegeln Sie deren Inhalt. Bei dieser Gesprächstechnik stellen Sie sicher, dass sich beide Gesprächspartner auf dem gleichen Informationsstand befinden und falsche oder unvollständige Aussagen korri-

giert werden können. Noch wichtiger: Sie zeigen Ihrem Gesprächspartner, dass Sie ihn verstehen, indem Sie seine eigenen Worte durch das Wiederholen unterstreichen und signalisieren Ihre Aufmerksamkeit. Ein Punkt für Sie!

Stilmittel offene Fragen

Im Gegensatz zu den sogenannten geschlossenen Fragen, bei denen der Gesprächspartner nur mit »Ja« oder »Nein« zu antworten braucht, bieten die offenen Fragen oftmals überraschende und wichtige Informationen und Einsichten. So könnten Sie beispielsweise Ihren zukünftigen Vorgesetzten mit einer offenen Frage auffordern, etwas über sich preiszu-

geben, in dem Sie ihn bitten, sich selbst zu beschreiben. Wollen Sie etwas über das Klima im Unternehmen wissen, fragen Sie bitte nicht, ob das Klima gut sei, sondern einfach im Sinne einer offenen Fragestellung, nach seiner persönlichen Einschätzung dazu.

Stilmittel Empathie

»Ich kann mir gut vorstellen, dass es in Ihrem verantwortungsvollen Job besonders wichtig ist, eine 100 Prozent verlässliche und vertrauensvolle Unterstützung zu haben, bei der Sie wissen, dass Sie sich über bestimmte Aufgaben keine Gedanken mehr machen müssen.« Durch Ihr Einfühlungsvermögen sprechen Sie Ihrem zukünftigen Chef aus der Seele. Sie hat mich verstanden! wird er denken. Ihr verstecktes Kompliment wird ihn noch glücklicher machen. Ihre indirekte Selbstdarstellung ist ein Volltreffer Ihres eigenen Marketings. Schreiben Sie sich zwei Punkte gut! Dosieren Sie dieses Stilmittel auf ein, maximal zweimal.

Stilmittel aktives Zuhören

Halten Sie Blickkontakt, wenden Sie Ihren Körper Ihrem Gesprächspartner zu. Nicken Sie und wiederholen Sie »mmh«, »verstehe« oder »ja« als Zustimmung. Das hält das Gespräch im Fluss, wirkt sympathisch und aufgeschlossen.

Bei Überraschungsfragen heißt es, Ruhe bewahren, Zeit gewinnen und durch Gegenfragen gut argumentieren.

Umgang mit konfrontativen Fragen

Nun finden Sie eine Zusammenfassung verschiedener kniffliger Fragestellungen und möglicher Antworten, bei denen Sie den Kopf nicht gleich einziehen müssen, sondern lächelnd über sich hinauswachsen dürfen. Um es gleich vorwegzunehmen: Stressinterviews gehören Gott sei Dank zur Ausnahme. In der Regel dürfen Sie auf einen wohlwollenden Interviewer hoffen, der durch eine respektvolle Gesprächsführung und das Schaffen einer angenehmen Gesprächsatmosphäre ein offenes und vertrauensvolles gegenseitiges Kennenlernen ermöglichen will.

Ein geübter Interviewer verlässt allerdings ab und zu ausgetretene Pfade und jongliert mit Überraschungsfragen, die Sie vielleicht provozieren. Lassen Sie sich aber nur nicht gleich in die Enge treiben. Nehmen Sie die Spieleinladung ruhig an. Dies ist in den seltensten Fällen boshaft gemeint und soll lediglich Ihr Selbstwertgefühl, Ihre Flexibilität und Ihren Umgang mit Stress prüfen. Sehen Sie es vielmehr als Kompliment. Der Interviewer traut Ihnen die Bewältigung zu, sonst würde er diese Taktik nicht anwenden. Wenn Ihnen nicht gleich eine Antwort einfällt, gewinnen Sie Zeit, indem Sie die Frage wie bereits beschrieben reflektieren oder mit einer Gegenfrage antworten: »Wie meinen Sie das genau?« Zustimmung für die Betrachtungsweise des Interviewers, eine Portion Humor und die folgerichtige Argumentation machen Sie schnell zu einem Gesprächsgewinner, dem man auch im Alltag einiges zutraut.

> ## ! tipp
>
> Wie bei fast allen Dingen im Leben gibt es zu Themen und Fragestellungen meist mehrere Aspekte, können oft unterschiedliche Perspektiven von uns eingenommen werden. Ähnlich dem vollen oder halbleeren Glas Wasser oder den zwei Seiten einer Medaille. Aus Ihren Antworten und Äußerungen heraus liest der Interviewer Ihre innere Haltung zu anderen und zu sich selbst ab. Auch objektiv unglücklichen Ereignissen können wir manchmal eine positive Seite abgewinnen, wenn wir einen tieferen Sinn für uns dahinter entdecken.
>
> Sollte Ihnen dies in dem einen oder anderen Fall schwer fallen, üben Sie sich in der Kunst der positiven Formulierung. So werden Sie Ihren Gesprächspartner im Interview auch dann noch von sich überzeugen, wenn unangenehme Themen angesprochen werden.

Zu häufig gewechselt?

Interviewer: »Wenn ich so Ihren Werdegang betrachte, wissen Sie scheinbar nicht was Ihr Ziel ist.«

Bewerber lächelnd: »Sie meinen, weil ich so oft die Branche gewechselt habe? Da gebe ich Ihnen schon recht, ich habe tatsächlich schon einiges ausprobiert, was möglicherweise orientierungslos wirken mag. Tatsächlich aber habe ich mir meine Aufgaben und Arbeitgeber immer sehr genau ausgewählt und mir Flexibilität und einen unschätzbaren Wert an Wissen und Erfahrungen angeeignet, von dem meine Arbeitgeber, wie Sie anhand meiner Zeugnisse sehen können, immer sehr profitiert haben. Durch die vielen Erfahrungen, die ich gemacht habe, weiß ich erst wirklich, was ich kann und vor allem, was ich will. Und deshalb bin ich heute hier.«

Heikle Fragen aus heiterem Himmel: kein Problem bei guter Vorbereitung.

Warum lässt man Sie ziehen?

Und mit dieser Frage müssen Sie wahrscheinlich dann rechnen, wenn Sie gerade noch lang und breit erklärt haben, wie toll Sie in Ihrer letzten Stelle gearbeitet haben, welch außerordentliche Leistungen Sie erbracht haben und wie stolz Ihr Chef und wie glücklich die Kollegen mit Ihnen waren:

Interviewer: »Warum hat man nicht versucht, Sie im Unternehmen zu behalten und Ihnen mehr Gehalt oder eine bessere Position angeboten?«

Bewerber: »Glauben Sie mir, mein Chef war wirklich traurig, als ich kündigte, aber ihm waren eben auch die Hände gebunden. Mehr Gehalt bei gleicher Position war im Sinne der Gehaltspolitik des Hauses nicht drin, zumal ich

bereits die höchste Leistungszulage erhalten hatte, und als nächste Position wäre nur der Stuhl meines Vorgesetzten selbst in Frage gekommen. Ich schätze den Mann sehr und hätte nie versucht, über ihn hinweg zu arbeiten. Als ich das alles erkannt habe, war mir klar, dass ich meine Fähigkeiten in einem anderen Unternehmen sinnvoller einbringen kann.«

Wenn Sie zudem kundtun, dass die vakant gewordene Stelle Ihres unmittelbaren Vorgesetzten mit einem externen Bewerber besetzt wurde und nicht mit Ihnen, zweifelt der Interviewer schnell an Ihren tatsächlichen Leistungen. Kaum dass man sich versieht, hört man sich mit Unwahrheiten antworten. Ist ja auch schön, sagen zu können, dass der rote Teppich ausgerollt worden wäre, hätte man sich entschieden zu bleiben. Nur Vorsicht, falls dies nicht den Tatsachen entspricht: Lügen haben bekanntlich kurze Beine, und wenn Sie Pech haben, kennt Ihr Gesprächspartner jemanden aus Ihrer letzten Firma oder holt sich dort Referenzen über Sie ein. Bleiben Sie also bei der Wahrheit, oder wählen Sie zumindest eine zuträgliche, glaubwürdige Variante.

Warum keine Beförderung?

Interviewer: »Warum hat man Ihnen nicht die Stelle Ihres Vorgesetzten angeboten?«
Bewerber: »Das habe ich mich auch gefragt. Die Personalpolitik lässt interne Beförderungen nicht zu. Die Führungskräfte werden von außen geholt. Das interne Know-How spielt keine große Rolle, wichtiger scheint dem Unternehmen die Erfahrung der Wettbewerber zu sein. Als ich das verstanden hatte, war

mein Wechselentschluss klar. In diesem Haus kann man nicht wachsen, weil man keine Chance bekommt, das erworbene Wissen auch in entsprechender Funktion zu verantworten. Aber genau das ist es, was ich will: Verantwortung für mein Handeln zu übernehmen. Der Entschluss zu kündigen war mein erster Schritt dazu.«

Heikle Fragen zum Gehalt

Interviewer: »Warum verdienen Sie in Ihrem Alter und mit Ihrer Berufserfahrung nicht mehr?«
Bewerber: »Sehen Sie, das kommt davon, wenn man zu lange in einem Unternehmen arbeitet. Ein guter Freund und Studienkollege von mir verdient tatsächlich mehr als ich, obwohl wir die gleiche Ausbildung absolviert haben und in etwa die gleiche Funktion nur in verschiedenen Unternehmen ausüben. Im Gegensatz zu ihm habe ich meinen Arbeitgeber nicht so häufig gewechselt und deshalb nicht immer wieder neue Gehaltsverhandlungen führen können. Nur, das Geld spielte für mich nie die ganz große übergeordnete Rolle. Mein Job hat mir bisher immer sehr viel Spaß gemacht, und ich denke im Verhältnis zu meinen Kollegen dort habe ich auch immer ordentlich verdient. Bei einem Wechsel erwarte ich mir natürlich eine deutliche Verbesserung. Schließlich bringe ich dem neuen Arbeitgeber jede Menge Erfahrung ein. Aber wenn Sie mich schon so direkt fragen, wieviel sollte ich denn Ihrer Auffassung nach verdienen?«

Was mag in dem Bewerber vorgehen, bei dieser Fragestellung? Und was geht im Interviewer vor? Der Bewerber ist womöglich im ersten Moment sehr überrascht und vor den Kopf gestoßen. Im zweiten Moment wittert er die Chance: bei dieser Firma kann ich richtig gut Geld verdienen, die zahlen mehr als ich dachte. Nur, was sage ich denn jetzt um meine Chance nicht zu vermasseln? In der Tat: Antworten Sie jetzt, dass Sie sich auch unterbezahlt fühlen, fragt sich der Interviewer, warum Sie »unter Wert« überhaupt arbeiten – vielleicht sind Sie ja doch nicht so gut oder so überzeugt von sich. Antworten Sie aber, dass Sie absolut zufrieden sind und finden, Sie bekommen genau das, was Sie verdienen, weiß der Interviewer, dass er sein Gehaltspoker getrost eine Stufe drosseln darf – zu Ihren Ungunsten.

Die in obigem Szenario dargestellte Antwort des Bewerbers birgt mehrere Komponenten. Zum einen weiß der Bewerber eine plausible Erklärung für die Höhe seines bisherigen Einkommens und zeigt Verständnis für die Gründe, die mit seiner Leistung nichts zu tun haben. Zum anderen stellt er dar, dass seine Vergütung im Verhältnis zu vergleichbaren Kollegen im Unternehmen ordentlich war. Er erwartet nun eine deutliche Verbesserung mit der Begründung, sein Wissen sei dies für den neuen Arbeitgeber wert. Die anschließende Fragestellung des Bewerbers, wieviel dieser nun nach Auffassung des Interviewers verdienen sollte, muss sich nun wiederum dieser gefallen lassen. Jetzt bieten sich konkrete Gehaltsverhandlungen an (→ Seite 86 und 87). Achten Sie aber darauf, dass Sie vor der Gehaltsverhandlung Ihre Vorzüge ausreichend präsentiert und genug Informationen über Unternehmen und Aufgabenstellung eingeholt haben.

Reicht die fachliche Qualifikation?

Interviewer: »Ich bin mir nicht sicher, ob Sie für die Stelle geeignet sind.«

Lassen Sie sich nicht verunsichern und geben Sie jetzt auf keinen Fall klein bei! Die scheinbar negative Aussage drückt inhaltlich etwas ganz anderes aus. Nämlich: »Ich würde Sie gerne einstellen, aber Sie müssen sich noch besser verkaufen.« Es handelt sich also um eine Aufforderung zur konkreteren Selbstdarstellung des Bewerbers. Bezieht sich die Ansicht des Interviewers auf Ihre fachlichen Qualifikationen, so begegnen Sie dem Interviewer mit Ihren vorhandenen Qualifikationen, Ihrer Bereitschaft zu lernen und mit Beispielen aus der Praxis, die Ihre Flexibilität und Lerngeschwindigkeit schon bewiesen haben:

Bewerber: »Ich möchte Ihnen gerne ein Beispiel nennen: Bei meiner letzten Stelle sollte eine große Roadshow europaweit durchgeführt werden. Wir hatten eine Agentur beauftragt, die uns das Konzept, Material und die Eventorganisation abnehmen sollte. Leider hatte sich die Geschäftsführung mit der Agentur überworfen, sodass diese absprang. Der Initiative der Angestellten war es zu verdanken, dass wir alles selbst auf die Beine gestellt haben und die Roadshow erfolgreich in vier verschiedenen europäischen Ländern durchgeführt haben. Und das Ganze im Zeitrahmen. Als Personalsachbearbeiter hatte ich bis dato noch nie mit irgendwelchen Marketing- und Promotion-Aufgaben zu tun. Ich habe mitgeholfen das Catering zu organisieren, habe die Logistiküberwachung übernommen und ein eigenes Konzept für die »give aways« erstellt und vor Ort umgesetzt. Die ganze Aktion war ein voller

Erfolg. Ich wusste bis dahin nicht, zu was ich alles fähig bin, war voll motiviert und traue mir heute viel mehr zu als früher.«

Überzeugen Ihre persönlichen Eigenschaften?

Interviewer: »Ich bin mir nicht sicher, ob Sie für die Stelle geeignet sind.«

Bezieht sich die Ansicht des Interviewers auf Ihre persönlichen Eigenschaften, haben Sie ihn vielleicht noch nicht von Ihrer Teamfähigkeit überzeugt. Schildern Sie konkrete Situationen, die Ihre Teamfähigkeit demonstrieren:

Bewerber: »Natürlich habe ich als Assistentin der Geschäftsführung in erster Linie für meinen Vorgesetzten gearbeitet. Doch auch hier ist man schließlich nicht alleine auf der Welt. Ohne die Abstimmung mit den Kolleginnen der anderen Geschäftsführungssekretariate war beispielsweise keine Urlaubsplanung möglich. Wir sind immer füreinander eingesprungen, ob bei besonderen Arbeitsspitzen oder um eine erkrankte Kollegin zu unterstützen. Wir haben sogar ein gemeinsames Projekt zur Verbesserung der Unternehmenskommunikation ins Leben gerufen. Das Ergebnis war ein voller Erfolg, und die Geschäftsführung war begeistert. Jede von den Assistentinnen hat das, was Sie am besten konnte, mit eingebracht. In meinem Fall war dies die Kommunikationsschnittstelle zur Belegschaft und die Befragung der Mitarbeiter. Meinem guten Draht zur Basis hatte ich es zu verdanken, dass man mir sehr viel Vertrauen entgegengebracht hat. Ich glaube ohne meine Integrationsfähigkeit und Sensibilität für das Thema und die Angestellten, hätte ich dies nicht so leicht geschafft.«

Konfrontative Wahrnehmung

Interviewer: »Sie wirken sehr zerbrechlich auf mich, glauben Sie wirklich, Sie sind den hier gestellten Anforderungen gewachsen?«

Bewerber: »Weshalb denken Sie ich bin zerbrechlich, und für welche der genannten Aufgaben glauben Sie, ist ein besonders dickes Fell notwendig?«

Flüchten Sie sich am besten in die Gegenfrage. Sonst laufen Sie Gefahr in eine handfeste Rechtfertigung Ihrer Person zu geraten, und das haben Sie nun wirklich nicht nötig. Achten Sie auf die Aussage, die hinter dieser Frage steckt: Halten hier vielleicht nur hartgesottene Kaliber durch? Und fragen Sie sich, wenn dies so ist, ob Sie das wirklich sind und wollen!

Pech als Lernchance

Interviewer: »Sie haben innerhalb der letzten zwei Jahre zweimal Ihren Job gewechselt und wollen nun schon wieder während der Probezeit kündigen. Wie kommt das?«

Bewerber: »Beim erstenmal habe ich mich für ein kleines Familienunternehmen an meinem Wohnort entschieden. Ich habe schnell gemerkt, dass dieses inhabergeführte Haus wenig Flexibilität und Handlungsfreiraum für die Mitarbeiter zuließ und habe gekündigt, weil ich unterfordert war und meine fachlichen Qualifikationen in diesem Rahmen nicht optimal einsetzen konnte. Die Anstellung danach war inhaltlich sehr spannend und herausfordernd, nur leider stand das Unternehmen finanziell sehr schlecht da, und uns wurde nahegelegt, uns nach einer neuen Tätigkeit umzusehen. Ich wollte nicht gekündigt werden, wurde von mir aus aktiv und habe dank

aus fehlern lernen

Pleiten oder Fehlgriffe in Ihrer beruflichen Vergangenheit können Sie als niederschmetternde Frustrationsphasen in Ihrem Leben darstellen oder geschickt als Lernchance schildern. Was auch immer Sie im Bewerbungsgespräch gefragt werden: Finden Sie einen positiven Abschluss Ihrer Antwort. Auch wenn es scheinbar wirklich unglückliche Begegnungen oder Entscheidungen in Ihrem Leben gegeben hat, auf die Sie im Bewerbungsgespräch angesprochen werden. Der Interviewer erkennt Ihre innere Haltung zu Fehlschlägen und entscheidet sich lieber für einen Gewinner als für einen Verlierer. Gewinner sind Sie nicht nur, weil Sie bisher immer so erfolgreich waren. Gewinner sind Sie vor allem dann, wenn Sie aus Fehlern gelernt und Ihren Humor nicht verloren haben.

meiner Kenntnisse schnell eine neue Beschäftigung bei einem Wettbewerbsunternehmen gefunden. Leider hat man mir die Aufgabe in großen Teilen anders beschrieben, als sie sich de facto darstellt. Ich bin dort verantwortlich für ein bestimmtes Produkt, das ich am Markt einführen sollte. Die Produktherstellung wurde jedoch aus technischen Gründen gestoppt, das Produkt aus dem Programm gekippt. Ich arbeite nun also nicht mehr als Produktmanager, sondern unterstütze die Marketingabteilung bei der Versendung von Mailings und anderer einfacher Dienste. Eine Änderung ist nicht in Sicht. Mein Arbeitgeber bedauert diesen Umstand sehr und legt mir keine Steine in den Weg. Es macht keinen Sinn für mich nur im Hinblick auf einen intakten Lebenslauf bei einer Stelle zu verweilen, in der ich mich nicht entfalten kann. Ich denke, das wäre ein Trugschluss. Lieber bin ich gleich aktiv, wenn ich sehe, dass ich an der Situation von mir aus nichts ändern kann. Heute bin ich um einige Erfahrungen, die ich mir sicher gerne erspart hätte, reicher. Wichtig ist, dass ich mir im Klaren darüber bin, dass meine Intermezzi nichts mit meinem persönlichen Können oder meiner Leistung zu tun hatten. Ich bin nach wie vor davon überzeugt, dass ich im richtigen Unternehmen eine wertvolle Mitarbeit leisten kann.«

Schwächen, die zu Stärken werden

Interviewer: »Was für Schwächen haben Sie?«
Bewerber: »Ich bin was meine Arbeit betrifft sehr ziel- und ergebnisorientiert und damit sehr sachlich in der Argumentation. Es hat schon Kollegen gegeben, die dies als arrogant gewertet haben. Kennt man mich etwas besser, legt sich dieser Eindruck aber sofort wieder. Wenn Sie so wollen, muss ich also daran arbeiten, von vornherein etwas weniger nüchtern zu wirken, indem ich etwas mehr von meiner Persönlichkeit zeige.«
Natürlich müssen Sie damit rechnen, nach Ihren Schwächen gefragt zu werden. Vermutlich verwenden Sie längst selbst die Methode des Umwandelns und sind auf dem richtigen Kurs. Nur bitte nicht zu platt. Fällt Ihnen als einzige

Schwäche Ihre Ungeduld (positiv: schneller Arbeiter) oder Ihre Pingeligkeit (positiv: genauer Arbeiter) ein, mag das manchmal etwas konstruiert wirken. Im oben genannten Beispiel wird dem Interviewer neben der Umwandlung auch noch ein vom Bewerber erkannter Lösungsvorschlag präsentiert. Perfekt! Wenn Sie sich 100% sicher fühlen, die Gesprächssituation es erlaubt und Sie glauben, Ihr Gesprächspartner versteht genügend Humor, können Sie auf diese ausrangierte Fragestellung unter Umständen mit folgender ungewöhnlichen Antwort kontern:

Interviewer: »Was für Schwächen haben Sie?«
Bewerber: »Schnelle Autos.«

Hier noch eine leicht abgewandelte Form der »Schwächen-Frage«, wie Sie auch gerne verwandt wird:

Interviewer: »Welche Arbeiten machen Sie

Gesprächspausen sind oft die Aufforderung, mehr zum Thema zu erzählen.

nicht so gerne oder fallen Ihnen schwer und weshalb?«

Frei nach dem Gesetz, was Spaß macht, kann ich auch gut, wird hier davon ausgegangen, dass die Dinge, die Sie nicht gerne tun oder die Dinge, die Ihnen schwer fallen, automatisch auch Ihre Schwächen darstellen. Lehnen Sie sich gelassen zurück. Und antworten Sie ehrlich, beispielsweise so:

Bewerber: »Nun ja, wenn ich mehrere Tage lang nur Kopierarbeiten erledigen muss, finde ich das nicht so prickelnd. In dieser Zeit könnte ich vieles andere erledigen. So richtig schwer fällt mir allerdings nichts. Ich denke, ich beherrsche meine Arbeit ganz gut.

Wenn der Interviewer schweigt

Wie unangenehm ein schweigender Interviewer im Bewerbungsgespräch sein kann, haben Sie vielleicht schon selbst erlebt. Schließlich ist er es, der die Fragen stellt, das Gespräch am roten Faden führt. Ihnen reicht es zu antworten. Was aber, wenn Sie auf eine seiner Fragen antworten und außer Schweigen keine Reaktion bekommen? Totale Verunsicherung. Habe ich etwas Falsches gesagt? War meine Antwort etwa nicht zufriedenstellend? Will er noch mehr hören? Jetzt sind Sie genau da, wo Ihr Gesprächspartner Sie haben wollte: an der Leine. Zappelnd. Unwillkürlich sprechen Sie nach einer Sekundenpause weiter. So lange, bis Sie völlig vom Thema abkommen, oder Ihr Gegenüber Sie endlich erlöst und eine Zwischenfrage stellt.

Was steckt hinter dieser Pause?

Dürfen Sie einfach mitschweigen? Nach dem Motto: Wer ist der Stärkere? Die Pause des Interviewers ist meist gezielt platziert. Mit ihr wird Ihr Umgang mit Stress und Ihr Selbstwertgefühl überprüft. Ihr Verhalten erzählt dem Interviewer oft mehr als die Worte, die Sie wählen. Bleiben Sie beim Thema, werden Sie nervös, begeben Sie sich in die Opferrolle oder werfen Sie heldenhaft eine ganz neue Frage ein, die zum Themawechsel läutet? Die Antwort ist: Greifen Sie die Pause auf und verstehen Sie sie als das, was sie ist: Eine nonverbale Aufforderung mehr über sich zu erzählen. Bleiben Sie aber beim Thema. Ungeahnte Fallstricke tun sich auf, wenn Sie sich verzetteln. Denken Sie genug gesagt zu haben und ernten immer noch Schweigen, so fragen Sie ruhig, was der Interviewer noch konkret dazu wissen möchte, oder fassen Sie nach, ob Ihre Antwort verständlich genug war. Die Pause ist dann schnell beendet. Schließlich will auch der Interviewer im Gesprächsfluss mit Ihnen bleiben und das Vertrauen nicht wieder abbauen.

Klären von Erwartungen

Das persönliche Vorstellungsgespräch dient der gegenseitigen Klärung von Vorstellungen. Wie selten dies in der Praxis der Fall ist, beweisen unzählige wechselbereite Mitarbeiter, die im Bewerbungsgespräch angeben, sie möchten nach kurzer Zeit wieder kündigen, weil ihr Job so ganz anders ist, als sie erwartet haben, oder man ihnen »falsche Versprechungen« gemacht hat. Der Interviewer fragt sich dann schnell, welchen Anteil der vor ihm sitzende Bewerber an der Misere hat. Nicht richtig nachgefragt? Nicht gut genug hingehört? Nicht richtig informiert gewesen? Um es gleich vorweg zu sagen: natürlich ist meist nicht nur einer »schuld« am Scheitern eines Arbeitsverhältnisses. Doch wie kurzfristig gedacht von dem, der bewusst Informationen über sich oder sein Unternehmen verbirgt, stehen diese doch in unmittelbarem Zusammenhang mit dem Erfolg einer Arbeitsbeziehung.

Hat der erstmalig »enttäuschte« Bewerber noch blindlings vertraut, wird er nach dem zweiten oder gar dritten gescheiterten Versuch übervorsichtig und über Gebühr misstrauisch: Er glaubt gar nichts mehr. Keine gute Gesprächsbasis für ein neues Vorstellungsgespräch. Informationen können nur dann am besten ausgetauscht und wahrgenommen werden, wenn das Gespräch auf gegenseitiger Offenheit, Vertrauen und Achtung basiert. Nach mehreren Enttäuschungen ist beim Bewerber verständlicherweise nicht mehr viel davon übrig. Wie soll es weitergehen?

Aber selbst wenn die gegenseitigen Erwartungen und Vorstellungen voneinander im Bewerbungsgespräch geklärt wurden, kann es manchmal trotzdem passieren, dass Arbeitnehmer und Arbeitgeber nicht mehr zueinander passen. Die Anforderungen an Markt und Wettbewerb haben sich beispielsweise geändert, der Chef hat gewechselt, das Unternehmen hat fusioniert oder irgendjemand im System hat sich so verändert, dass das »Miteinander« aus der Spur geraten ist.

Mit welchen Fragen muss ich rechnen?

So wie Sie herausfinden möchten, ob die geschilderte Aufgabe und das, was Sie sonst noch hören, sehen und fühlen zu Ihnen passt, will der Interviewer filtrieren, ob Sie der »richtige« Bewerber sind. Dabei muss er am Ende des Gespräches wissen, ob Sie fachlich geeignet sind, also über die notwendigen Qualifikationen und Erfahrungen verfügen, und ob Sie persönlich geeignet sind, also Ihre Einstellung zu dieser Arbeit stimmt und Sie menschlich in das Team, zum Vorgesetzten und zum Unternehmen passen. Um das herauszufinden, gehen Interviewer gerne strukturiert nach einem »roten Faden« vor. Der Interviewer lässt sich häufig erst Ihren

enttäuschung, nein danke

✔ Seien Sie offen, ehrlich und üben Sie Vertrauen.

✔ Machen Sie sich vor Beginn des Vorstellungsgespräches bewusst, welche Erwartungen Sie jeweils an Aufgabe, Team, Chef, Unternehmensphilosophie, Arbeitsweise, Weiterbildungsmaßnahmen, Entwicklungsmöglichkeiten und Arbeitszeit haben.

✔ Fassen Sie Ihre Erwartungen, nachdem Sie Ihr »aktives Verkaufsgespräch« beendet haben, in klare Aussagen und Fragestellungen (→ »Welche Fragen darf ich stellen« Seite 84).

✔ Sollten Sie nicht ganz genau wissen, was das Unternehmen von Ihnen erwartet, fragen Sie nach!

beruflichen Werdegang schildern, hakt da ein, wo in seinen Augen Klärungsbedarf besteht, lässt sich dann, wenn Sie beim aktuellen oder letzten Job angekommen sind, eine genaue Darstellung der Aufgabeninhalte und Kompetenzen beschreiben (hier prüft er noch einmal genau, ob Sie fachlich und persönlich dem neuen Anforderungsprofil entsprechen), schildert fortan die zu besetzende Stelle und informiert Sie über das Unternehmen. Mit Glück werden Sie nach Ihren Erwartungen gefragt und erfahren umgekehrt etwas über die persönlichen Erwartungen, die der potenzielle neue Vorgesetzte und/oder die Firma an Sie stellen. Wenn nicht – fragen Sie!

Typische Szenen von Interviews

Auch wenn Sie in den folgenden Textbeispielen verlockende und vorformulierte Antworten finden: Bitte übernehmen Sie nichts, was Ihnen nicht entspricht! Verstehen Sie die Beispiele als Anregungen, die Sie auf Ihre persönlichen Erfahrungen ummünzen müssen. Einstudierte Antworten wirken hölzern und falsche Aussagen helfen Ihnen vielleicht den Job zu bekommen, aber nicht unbedingt zu behalten.

»Schildern Sie Ihren beruflichen Werdegang!«

Mit dieser offenen Gesprächseinladung verfolgt der Interviewer folgendes Ziel: Er will sehen, wie gut Sie in der Selbstdarstellung sind, wie gut und klar Ihre kommunikativen Fähigkeiten sind, wie logisch Ihre Stellenwechsel waren, und welche Motivation jeweils dazu geführt hat.

Fragen Sie nach, an welcher Stelle Sie einsteigen sollen. Erklären Sie Ihre einzelnen Berufsstationen, indem Sie dem Interviewer Informationen über das Unternehmen, Ihre Funktion, Aufgabeninhalte und Kompetenzen geben. Bevor Sie zum nächsten Job übergehen, schildern Sie kurz Ihre Wechselgründe. Formulierungen für Wechselgründe lassen sich normalerweise sehr schön positiv darstellen, vorausgesetzt, das dem Interviewer vorliegende, entsprechende Arbeitszeugnis straft Sie nicht Lügen.

Fein raus sind Sie immer, wenn Sie beispielsweise erklären, dass diese Aufgabe damals nicht mehr Ihrem fachlichen und persönlichen Entwicklungsstand entsprochen hat, Sie keine Aufstiegschancen im Unternehmen gesehen und deshalb eine neue Herausforderung gesucht haben. Versuchen Sie immer eine positive Formulierung zu wählen, die andere nicht über Gebühr diskreditiert.

Äußern Sie sich zu lange zu schlecht über frühere Arbeitgeber, fällt der Schatten auf Sie zurück. Und der Interviewer behält Sie als jemanden in Erinnerung, dem immer übel mitgespielt wurde. Als Kandidat verlieren Sie so an Attraktivität.

Machen Sie sich darauf gefasst, dass Arbeitszeugnisse, in denen der Grund Ihres Ausscheidens fehlt, oder Arbeitszeugnisse, die mit der Redewendung: » … in beidseitigem Einvernehmen …« enden, besonders frageintensiv nachgefasst werden. Meist lässt sich aber auch hier eine positive Formulierung finden: »Ich habe mich entschieden, das Unternehmen zu verlassen, nachdem beide Seiten festgestellt hatten, dass ein im Sinne des Unternehmenszieles erfolgreiches Arbeiten nicht mehr in zufriedenstellender Weise möglich war … «

»Welche Tätigkeit war bisher die Schönste?«

Der Interviewer erfährt dadurch, was Sie motiviert hat, für was Sie sich gerne engagieren, und wo Ihre fachlichen und persönlichen Stärken liegen.

Ihre Antwort könnte vielleicht so aussehen: »Meine zweijährige Tätigkeit bei xy hat mir am meisten Spaß gemacht, weil ich dort vollkommen eigenständig ein interessantes Aufgabengebiet bearbeiten konnte, eine gute Stimmung und ein kollegiales Miteinander unter den Kollegen herrschte, mein Chef mir voll vertraut hat und mit meinen Arbeitsleistungen sehr zufrieden war.«

»Was schätzt man an Ihnen und was nicht?«

Hier erwartet der Interviewer die Selbsteinschätzung Ihrer Fähigkeiten aus der Sicht von anderen. Eine glatte Aufforderung zum Verkaufen. Schöpfen Sie aus dem Vollen und tun Sie Ihre positiven Seiten kund. Ihre Antwort könnte sich so anhören:
»Mein Chef schätzt vor allem meine gleichbleibende Arbeitsqualität und -quantität. Er weiß, dass er sich auch in Stresssituationen voll auf mich verlassen kann und ich ihm große Loyalität entgegenbringe. Meine Kollegen schätzen meine unkomplizierte Art, meine Hilfsbereitschaft und meine Kompetenz auf meinem Sachgebiet. Was beide nicht so schätzen ist vielleicht meine Vorliebe für Inline-Skaten. Letzten Sommer bin ich schwer gestürzt. Ich war drei Wochen krankgeschrieben. Chef und Kollegen mussten ausgerechnet zu den Schulsommerferien ohne mich auskommen.«

»Was hätten Sie an der Stelle Ihres Chefs anders gemacht?«

Gemeine Frage. Jetzt nur nicht den Chef diskreditieren, aber auch nicht unkritisch alles

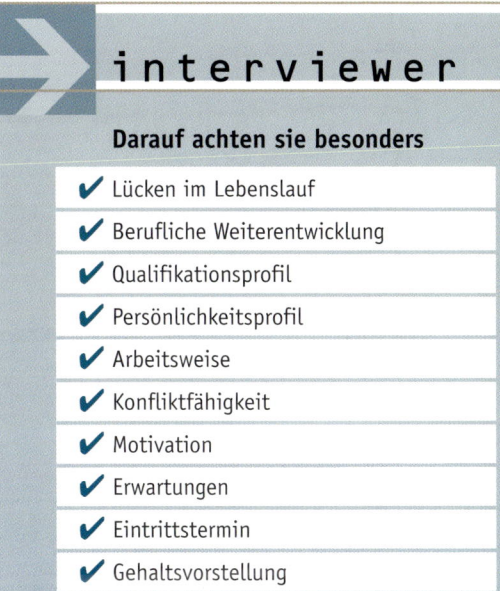

interviewer

Darauf achten sie besonders

✔ Lücken im Lebenslauf
✔ Berufliche Weiterentwicklung
✔ Qualifikationsprofil
✔ Persönlichkeitsprofil
✔ Arbeitsweise
✔ Konfliktfähigkeit
✔ Motivation
✔ Erwartungen
✔ Eintrittstermin
✔ Gehaltsvorstellung

goutieren. Stellen Sie alles an Ihrem Chef in Frage, haben Sie in der Regel schon verloren. Man geht davon aus, dass Sie ein ewiger Besserwisser sind, der einem womöglich selbst noch gefährlich werden könnte. Finden Sie alles toll, landen Sie schnell in der Kategorie Opportunist ohne eigene Meinung. Elegant durchlaviert antworten Sie beispielsweise so: »Ich denke, die großen unternehmerischen Entscheidungen, soweit ich darüber Einblick habe, trifft er mit großem Geschick und Erfolg zum Wohle der Firma. Im kleinen Rahmen könnte er manchmal ein wenig mehr Ohren für die Belegschaft haben. Ich würde mich an seiner Stelle vielleicht mehr um die Belange der unmittelbar unterstellten Mitarbeiter kümmern. Mehr Nähe demonstrieren und mir mehr Zeit für sie nehmen.«

»Was ärgert Sie?«

In dieser Frage steckt jede Menge Pfeffer. Die Antwort die der Interviewer erhält ist garantiert echt. Das Wort »Ärger« alleine trifft unsere Emotionen. So verwundert es nicht, dass die Antwort meist sehr schnell kommt. Beachten Sie, dass Ihre Antwort einigen weiteren Gesprächsstoff nach sich zieht.
»Ungerechtigkeiten! Wenn man mich zu Unrecht eines Fehlers beschuldigt, den ich nicht begangen oder nicht zu verantworten habe – das ärgert mich!«

»Wann wurden Sie ungerecht behandelt?«

Situationsbeschreibungen aus der Realität und das konkret dazu gezeigte Verhalten schildern dem Interviewer am deutlichsten die wahren persönlichen Qualitäten des Bewerbers. Hier ist nichts mehr vorkonstruiert, der Bewerber plaudert aus dem wahren Leben, aus dem Nähkästchen sozusagen. Bitte halten Sie sich kurz und bleiben Sie in Ihrer Schilderung weitgehend sachlich. So schützen Sie sich vor tiefschürfenden weiteren Fragen.

»Wie gehen Sie mit Ihrem Ärger um?«

Ihr Konfliktverhalten soll hier unter die Lupe genommen werden. Sind Sie jemand, der sich grün und blau ärgert, lauthals die Wut hinausposaunt? Oder jemand, dem man es nicht anmerkt, wenn es ihm stinkt, er enttäuscht oder wütend ist? Achtung, hier werden Rück-

schlüsse auf Ihr allgemeines Verhalten in punkto Unzufriedenheit gezogen. Sie gehören zu einem idealen Konfliktbewältiger, wenn Sie von sich behaupten können, dass Sie erst die überschäumende Wut sacken lassen und dann zeitnah, sachlich und konstruktiv von sich aus mit den Betreffenden darüber diskutieren.

»Welche Arbeitsweise haben Sie?«

Danken Sie innerlich für eine solche Frage! Hier können Sie sich im besten Lichte präsentieren. Überlegen Sie aber, bevor Sie antworten, welche Eigenschaften neben Ihren eigenen, bereits vorhandenen Fähigkeiten für die zu besetzende Stelle wichtig sein könnten, und lassen Sie diese geschickt mit in Ihre Selbstpräsentation einfließen, sofern Sie dazu stehen können. Wenn Sie beispielsweise um eine Anstellung als Finanzbuchhalterin werben, könnte Ihre Antwort so aussehen:
»Ich arbeite gerne selbstständig, bin strukturiert und sehr selbstorganisiert und lege großen Wert auf Genauigkeit. Meine Arbeitsqualität ist, denke ich, sehr hoch. Im Vergleich zu meinen Kollegen, kann ich aufgrund meiner Berufserfahrung behaupten, relativ schnell und routiniert zu arbeiten.«

»Wie gehen Sie mit Stress um?«

Vermutlich hat der künftige Stelleninhaber häufiger mit Stresssituationen, Chaos oder Zeitdruck zu tun, wenn er Ihnen diese Frage stellt. In welchen Situationen empfinden Sie Stress? Wie gehen Sie damit um, und was nehmen andere an Ihnen in Stresssituationen wahr? Wenn Sie sich diese Fragen vor Ihrem Interview gestellt haben, können Sie locker und

»stressfrei« antworten und auch gleich stellen, was Sie in Ihrem neuen Job nicht vorfinden möchten. Damit klären Sie zusätzlich Ihre Erwartungshaltung an die neue Aufgabe.

»Ich erlebe dann Stress, wenn ich sehr kurzfristig ein Projekt oder eine Arbeit aufgetragen bekomme und weiß, dass der vorgegebene Zeitrahmen dazu führen muss, Abstriche an der Qualität meiner Arbeit zu machen. Ich versuche als erstes ein neues Zeitfenster mit meinem Vorgesetzten zu vereinbaren. Meist klappt das nicht, weil die Termine von oben kommen. Ich mache meinen Chef darauf aufmerksam, dass die gewünschte Arbeit entweder zeitlich nicht zu schaffen, oder aber nicht perfekt von mir erledigt werden kann. Ich arbeite dann sehr ruhig und konzentriert – ja, ziehe mich förmlich zurück und schaffe es auch, das Ergebnis innerhalb der vorgegebenen Zeit zu präsentieren. In diesen Situationen bin ich nicht sehr ansprechbar für andere. Allerdings wissen die Kollegen schon, was meine geschlossene Tür zu bedeuten hat. Besonders gerne habe ich solche Aktionen natürlich nicht, und kämen sie häufiger vor, würde ich ein Gespräch mit meinem Vorgesetzten führen. Ich arbeite lieber vorausschauend als immer nur auf den letzten Drücker.«

»Wo sehen Sie sich beruflich in drei bis fünf Jahren?«

Eine gefährliche Frage. Antworten Sie, dass Sie sich immer noch an der gleichen Stelle sehen, um die Sie sich jetzt bewerben, könnte man Ihnen zu wenig Engagement zur beruflichen Weiterentwicklung unterstellen. Antworten Sie, dass Sie mittelfristig die nächste Stufe der Erfolgsleiter im Unternehmen erklimmen möchten, wittert der Interviewer vielleicht Gefahr vor allzu viel Konkurrenz. In der Regel kennen Sie leider die Pläne nicht, die das Unternehmen für den Stelleninhaber – vorausgesetzt er ist erfolgreich – hat. Vielleicht gibt es überhaupt keine Weiterentwicklungsmöglichkeiten für Sie. Vielleicht sieht man in Ihnen den künftigen Nachfolger Ihres Vorgesetzten. Am geschicktesten ist es daher, sich nicht gleich festzulegen: »Nun, erst einmal möchte ich mein Aufgabengebiet beherrschen und mir die notwendige Kompetenz aneignen, um richtig erfolgreich in meinem Job sein zu können. Wo das dann hinführt, wird man sehen. Das ist bestimmt von vielen Faktoren abhängig. Grundsätzlich bin ich ein aufgeschlossener Mensch, der sich vor Verantwortung nicht scheut und der vor allem Freude an seiner Arbeit haben möchte.«

»Welche Eigenschaften hat der ideale Vorgesetzte für Sie?«

Wunderbar. Sie werden aufgefordert über Ihre Erwartungen hinsichtlich Ihres Chefs zu berichten:

»Ich wünsche mir einen sachlichen, fairen Vorgesetzten, der mich gut informiert und von dem ich viel lernen kann. Die Zusammenarbeit stelle ich mir wie in einem Team vor. Ich möchte jemand, der mich sehr selbstständig arbeiten lässt, mir Vertrauen entgegenbringt und nicht immer alles kontrolliert. Schön wäre es, wenn mein Chef humorvoll und von umgänglicher Art wäre. Was ich auf keinen Fall haben möchte, ist ein unberechenbarer und cholerischer Vorgesetzter.«

Welche Fragen darf ich stellen?

Intelligenz erkennt man nicht nur an den Antworten, die jemand gibt, sondern besonders an den Fragen, die er stellt. Dies gilt zumindest im Bewerbungsgespräch. Natürlich möchten Sie wissen, wieviel Urlaub, Sozialleistungen und Sondervergünstigungen es für Sie gibt, und ob eine Kantine im Haus ist, wie und ab wann Überstunden bezahlt werden, ob Essensmarken verteilt werden und jährlich eine gemeinsame Weihnachtsfeier stattfindet. Nur bitte nicht alles gleich im ersten Gespräch und nicht in epischer Breite! Im Erstgespräch geht es vor allem um Aufgabeninhalte und die Firmenstruktur.

Tipps für das Zweitgespräch

Werden Sie zu einem Zweitgespräch eingeladen, dürfen Sie sich freuen. Es signalisiert ein eindeutiges Interesse an Ihnen als künftigen Mitarbeiter. Einstellungsverfahren können jedoch je nach Unternehmensstruktur und deren standardisierten Vorgehensweisen sehr unterschiedlich ablaufen. Gibt es ein Vorselektionsverfahren, so haben Sie Ihr Erstgespräch vermutlich nur mit einer Person aus dem Personalwesen und lernen erst im Zweitgespräch den entsprechenden Fachvorgesetzten kennen. Manchmal haben Sie es beim Erstgespräch gleich mit beiden Personen zu tun, manchmal sogar nur mit dem Fachvorgesetzten, der sich seine Mitarbeiter vollkommen selbstständig auswählt. Je nachdem, wie sich das erste Gespräch – inhaltlich und personell betrachtet – zusammengesetzt hat, wird sich das zweite Gespräch entwickeln. Ging es im Erstgespräch hauptsächlich um das Klären der fachlichen Eignung, und war der entsprechende Abteilungsleiter oder Fachvorgesetzte anwesend, so dürfen Sie für das Zweitgespräch davon ausgehen, dass die Frage der gegenseitigen Chemie im Vordergrund steht. Möglicherweise werden Ihnen dann auch schon Kollegen vorgestellt und Arbeitsräume gezeigt. In diesem Fall läuft das Zweitgespräch meist entspannter ab, weshalb kommunikative Menschen und Small-Talk-Geübte es besonders einfach haben, ihren Sympathiebonus zu bekräftigen. Haben Sie Ihr Erstgespräch lediglich mit dem Personalleiter geführt, so haben Sie noch eine größere Hürde vor sich: Sie müssen Ihre fachliche Kompetenz gegenüber dem nun anwesenden Fachvorgesetzten verkaufen und bei diesem noch einmal den entscheidenden Eindruck hinterlassen. Möglicherweise begegnen Ihnen wieder die gleichen oder ähnliche Fragestellungen wie im Erstgespräch.

Alle im Erstgespräch offen gebliebenen Fragen zum Beispiel hinsichtlich Sozialleistungen dürfen Sie jetzt anbringen.

Noch ein wichtiger Tipp für Ihr Zweitgespräch: Nehmen Sie sich ausreichend Zeit und kommen Sie ein paar Minuten früher als vereinbart zum Termin. Beobachten Sie Ihre Umgebung genau. Bisher waren Sie vermutlich zu sehr mit Ihrem Gespräch beschäftigt, um wahrnehmen zu können, was um Sie herum passiert. Was sprechen die Gesichter der anderen Angestellten? Welche Stimmung herrscht? Wie ist der Umgangston miteinander? Schauen Sie sich die Räumlichkeiten noch einmal in Ruhe an. Wie wirken sie auf Sie? Können Sie sich vorstellen, dort künftig mehr als acht Stunden täglich zu verbringen? Sollten Ihnen im zweiten Gespräch keine Kollegen vorgestellt werden, bitten Sie darum, diese kennen lernen zu dürfen. Vielleicht können Sie im Anschluss an das Gespräch und nach dem gegenseitigen Vorstellen ein paar Takte alleine mit den künftigen Kollegen plaudern. Sie werden wertvolle Eindrücke sammeln können, die Ihnen helfen, Ihr Bild über den zukünftigen Arbeitgeber zu vervollständigen – bevor Sie unterschreiben.

Konditionen richtig verhandeln

Welche Gehaltsvorstellung ist realistisch?

Sie sind an einem entscheidenden Punkt angelangt: Ihr Gehalt. Ihre Bezüge. Ihr Verdienst. Was glauben Sie haben Sie verdient zu verdienen? Über diese Frage ist schon manch einer ins Schwitzen geraten. Meistens fehlen uns Gehaltsvergleiche. Wenn wir dann auch noch die Branche oder von einem Kleinstadt- in einen Großstadtbetrieb wechseln wollen, die Position sich verändert: wie soll man da wissen, was man realistisch verlangen darf?
Viele Firmen sind tarifgebunden und können nur mit unbedeutenden Leistungszulagen individuell jonglieren. Zudem gilt im Sinne der Transparenz und Vergleichbarkeit eine oft unflexible Gehaltspolitik. Manche Firmen zahlen ein Jahresgehalt. Das bedeutet, dass Ihr jährlich vereinbartes Gesamteinkommen in zwölf Anteile aufgeteilt wird. Urlaubs- und Weihnachtsgeld sind quasi bereits in Ihrem Monatsgehalt enthalten. Kaufmännisch

fragen des bewerbers

✔ Was beinhaltet die Aufgabenstellung konkret?

✔ Welche Kompetenzen und Entscheidungsspielräume habe ich für die mir gestellte Aufgabe?

✔ Welche Erwartungen an Arbeitsweise und Verhalten wird an mich gestellt?

✔ Welche Entwicklungsmöglichkeiten bieten Unternehmen und Position?

✔ Warum und wie lange ist die Stelle schon vakant?

✔ Was ist das Unternehmensleitbild oder die Unternehmensphilosophie?

✔ Welche Unternehmensziele und –strategien gibt es?

✔ Wie ist die Unternehmensstruktur?

✔ Wie ist die Altersstruktur im Unternehmen?

✔ Wie ist die Atmosphäre in der Abteilung und im Gesamtunternehmen?

✔ Welche Arbeitszeitregelung existiert?

✔ Wie sieht mein Arbeitsplatz aus? Verfügt er über die notwendige technische Ausrüstung, um meine Aufgabe optimal erfüllen zu können?

✔ Wie lautet der Eintrittstermin?

✔ Wie ist die Stelle dotiert?

✔ Könnten Sie sich mich als Ihren zukünftigen Mitarbeiter vorstellen?

betrachtet verfügen Sie somit permanent über einen Betrag x, den Sie normalerweise erst im Sommer und Winter ausbezahlt bekommen. Sollten Sie Überstunden vergütet bekommen und werden zu deren Berechnung Ihre Basisbezüge herangezogen, so erhalten Sie ebenfalls den erhöhten Wert. Viele Unternehmen der New Economy zahlen heute Jahresgehälter, unabhängig von der bekleideten Position. In diesen Unternehmen finden Sie häufig einen guten Verhandlungsspielraum für Ihre Gehaltswünsche. Unternehmen der Old Economy sind dagegen oft an stringente Tarife gebunden und bieten in der Vergütungsfrage weniger Flexibilität mit Ausnahme bei sehr qualifizierten und hochkarätigen Führungskräften oder gefragten Spezialisten.

Der Gehaltspoker – mit Verhandlungsgeschick die eigenen Interessen wahren.

Wie verhandle ich geschickt?

Selbst wenn Sie die Frage nach dem Gehalt als Erster stellen: Eine klare Antwort werden Sie selten bekommen. Rechnen Sie eher mit einer Gegenfrage. Der Interviewer will erst von Ihnen hören, was Sie sich gehaltlich für die Position vorstellen. Mit Sicherheit wird er Sie auch nach Ihrem aktuellen Gehalt fragen. Am besten Sie reagieren darauf ehrlich. Eine unwahr hochgepuschte Zahl wird spätestens dann aufgedeckt, wenn Sie Ihre Lohnsteuerkarte vorlegen müssen. Ersparen Sie sich die Peinlichkeit, und verlassen Sie sich nicht auf Ihr Glück, einer Nachkontrolle zu entgehen.

Ist-Gehalt und Zusatzleistungen

Bei der Nennung Ihres Ist-Gehaltes oder letzten Gehaltes können Sie sonstige Leistungen wie Direktversicherung, vermögenswirksame Leistungen, Prämien und sonstige variable Leistungsanteile getrost mit angeben. Muss ja keiner wissen, dass die von Ihnen genannte Summe nicht Ihrem Fix-Gehalt entspricht. Gelogen ist es trotzdem nicht.

Geben Sie bitte an, wenn Sie bisher einen Dienstwagen gefahren haben. Wenn Ihnen die neue Stelle keinen adäquaten Ersatz bietet, dürfen Sie Ihren Gehaltswunsch mit gutem Argument entsprechend erhöhen. Achten Sie aber darauf, keiner Mauschelei zu unterliegen. Trennen Sie Ihre Gehaltsvorstellung konkret von den üblichen Sonder- und Sozialleistungen. Nicht dass Sie am Ende zwar ein höheres Monatseinkommen haben als bisher, unterm Strich aber keinen Zugewinn gemacht haben, weil andere Leistungen, die Sie vorher bekommen haben, jetzt unter den Tisch fallen.

Pokern Sie nicht zu hoch!

Sie werden nach Ihrem Ist-Einkommen gefragt und nennen die Summe. Dann fragt man Sie nach Ihren Gehaltsvorstellungen für die vakante Stelle, und Sie sagen beispielsweise eine Summe, die der Faustregel entspricht. Trotzdem ein gewagtes Spiel. Sie wollen nicht zu niedrig einsteigen und sich womöglich eine wertvolle Chance entgehen lassen. Denn was Sie jetzt finanziell nicht herausholen, werden Sie später nur schwer wieder aufholen.

Sie wollen aber auch nicht zu hoch einsteigen, weil Sie den Job unbedingt wollen. Leider gibt es keine allgemeingültige Paradelösung. Es bleibt Ihnen nichts anderes übrig, als dass Sie sich bewusst machen, was Sie wirklich wollen. Wenn Sie genau wissen, dass Sie unter einer bestimmten Summe nicht arbeiten – egal als was oder für wen, dann haben Sie gut lachen. Sind Sie flexibel und wollen trotzdem das Beste erreichen, dann müssen Sie jedoch verhandeln! Und keine Sorge: zum Verhandeln gehört auch ein »Vorfühlen, Taktieren, Ausloten«. Die Summe, die Sie nennen, stellt die Verhandlungsbasis dar. Sie sollte also auf keinen Fall zu niedrig gegriffen sein. Erhalten Sie keine positive Resonanz darauf, fragen Sie nach den Vorstellungen des Unternehmens. Versuchen Sie sich in der Mitte beider Summen zu einigen. Geht Ihr Gegenüber nicht darauf ein und beharrt auf seinem Gehaltsvorschlag, erbitten Sie sich Bedenkzeit. Und noch einmal: Wie wichtig ist Ihnen Ihr Gehalt im Verhältnis zu Aufgabe, Klima, Entwicklungsmöglichkeiten? Übrigens: versprochene Gehaltserhöhungen am Ende der Probezeit sollten Sie sich schriftlich bestätigen lassen.

gehaltsforderung

Im Zweifel halten Sie sich an diese Faustregeln

✔ Verlangen Sie nie weniger als Sie jetzt schon haben.

✔ Verlangen Sie bei gleichbleibender oder ähnlicher Position innerhalb eines vergleichbaren Unternehmens eine Gehaltssteigerung von etwa 10%.

✔ Verlangen Sie bei höherwertiger Position circa 15 bis 30% mehr Gehalt.

Vertragsgestaltung

Winkt Ihr künftiger Arbeitgeber mit einem Vertragsangebot? Gratulation! Sie haben gute Arbeit geleistet! Ihr Mitspracherecht ist jetzt allerdings fast schon vorbei. Arbeitsverträge betrachten die meisten Arbeitnehmer als gottgegeben. Eine höhere Instanz hat den meist ohnehin unverständlich verklausulierten Text ersonnen. Sie unterschreiben nur noch – vor Freude strahlend. Und Sie haben meistens Recht damit. Denn der vor Ihnen vorliegende Arbeitsvertrag wurde in der Regel juristisch geprüft und sollte einwandfrei sein. Trotzdem müssen Sie ihn gut durchlesen und die einzelnen Daten prüfen. Steht auch alles drin? Auf was Sie im Krankheitsfall achten müssen, wieviel Urlaubsanspruch Sie haben? Für zwei Themen sollten Sie besonders sensibilisiert sein: Probezeit und Kündigungsfristen.

Probezeit

Eine Probezeit von drei bis sechs Monaten ist üblich. Je komplexer das Aufgabengebiet, desto länger sollte die Probezeit dauern. Es wäre demnach nicht einsichtig, eine Probezeit von sechs Monaten hinzunehmen, sollten Sie beispielsweise einfache, klar strukturierte und kontrollierbare Aufgaben zu erfüllen haben. Denken Sie daran, dass Sie während der Probezeit ohne Angabe von Gründen innerhalb kürzester Zeit auf der Straße stehen können. Umgekehrt gilt das Gleiche für Sie. Auch Sie können kurzfristig kündigen. Übrigens: Erkranken Sie während der Probezeit, weil Sie mit Gipsbein für vier Wochen ausfallen, kann Ihr Arbeitgeber zu Recht darauf bestehen, die Probezeit entsprechend zu verlängern.

alles geregelt?

- ✔ Urlaubsanspruch
- ✔ Urlaubs- und Weihnachtsgeld
- ✔ Personenbedingte, leistungsabhängige Prämien
- ✔ Gewinnbeteiligung am Unternehmensergebnis
- ✔ Überstundenvergütungsregelung
- ✔ Kantine und/oder Essensgeldzuschuss
- ✔ Vermögenswirksame Leistungen
- ✔ Direktversicherung
- ✔ Fahrtkostenersatz

Kündigungsfristen

Niemand weiß, wie lange der Zustand noch anhält oder ob er sich noch verschärfen wird: In letzter Zeit ist es für Arbeitgeber schwieriger geworden gutes Personal zu finden und für Bewerber einfacher zwischen Arbeitgebern zu wählen. Lange Kündigungsfristen können für beide Parteien unangenehm werden. Letztendlich für den Arbeitnehmer aber auch zur Qual. Entschließt sich der Arbeitgeber zur Beendigung eines Arbeitsverhältnisses, nimmt er oft keine Rücksicht auf die Kündigungsfristen, sondern verabschiedet den Mitarbeiter schnell und klanglos, indem er ihn bezahlt freistellt. Manchmal erhalten Sie vielleicht sogar eine Abfindung, aber Sie sind erst einmal ohne Job. Entscheiden Sie sich zur Kündigung, müssen Sie leider ausharren, bis Ihr nächster Kündigungszeitpunkt gekommen ist. Beachten Sie also bitte, was es für Sie bedeutet, beispielsweise an eine Kündigungsfrist von drei Monaten zum Quartalsende gebunden zu sein. Entschließen Sie sich am 15.1. zur Kündigung, müssen Sie bis 30.6. ausharren. Für künftige neue Arbeitgeber, die nicht gerne bereit sind, so lange auf Sie zu warten, werden Sie dadurch unter Umständen unattraktiv. Der Schutz, den Sie mit einer langen Kündigungsfrist zu erhalten glauben, kann sich also auch ins Gegenteil verkehren, und ist in Zeiten wie diesen beinahe mehr als Schutz für den Arbeitgeber vor allzu eiliger Fahnenflucht zu sehen. Sind Sie mit den vertraglichen Kündigungsfristen nicht einverstanden, bestehen Sie auf einer Änderung. Je nach Unternehmen, dürfen Sie mehr oder weniger Flexibilität erwarten. Übrigens: je höher Ihre Position, desto länger die Kündigungsfrist.

Anleitung zum Rollenspiel

Bestimmt haben Sie bis jetzt schon einige gute Anregungen für Ihre Bewerbungsstrategie und das Vorstellungsgespräch erhalten. Lesen alleine reicht aber nicht. Oder sagen wir: nicht wirklich. Erst durch das Selbstausprobieren lernen wir, was in uns vorgeht, wie wir uns anhören, uns bewegen. Am besten Sie finden noch zwei vertraute Personen, die mit Ihnen üben.

Und so geht's:

Vergeben Sie als erstes drei Rollen: Die Rolle des Bewerbers übernehmen natürlich Sie. Eine Person mimt den Interviewer, die dritte Person ist stiller Beobachter. Haben Sie bereits einen realen Termin zu einem Vorstellungsgespräch in den nächsten Tagen, oder haben Sie sich konkret auf eine bestimmte Position hin beworben, spielen Sie das entsprechende Szenario dazu durch. Wenn Sie noch ganz am Anfang Ihrer Bewerbungsphase sind, denken Sie sich ein Szenario aus, oder wählen Sie dazu einfach eine passende Stellenanzeige aus der Zeitung.

Anleitung für den Interviewer

Ihre Aufgabe ist es, den vor Ihnen sitzenden Kandidaten anhand des Anforderungsprofils der zu besetzenden Stelle auf seine fachlichen und persönlichen Kenntnisse und Fähigkeiten hin zu überprüfen. Markieren Sie sich, welche Ausbildung und Berufserfahrung der Bewerber mitbringen sollte, und welche persönlichen Eigenschaften, wie Teamgeist, Selbstständigkeit, Durchsetzungsvermögen gefragt sind. Stellen Sie sich einen Fragenkatalog anhand der Fragen im rechten Kasten zusammen.

fragen des interviewers

- ✔ Schildern Sie kurz Ihren Werdegang!
- ✔ Warum interessieren Sie sich für die ausgeschriebene Stelle?
- ✔ Weshalb möchten Sie wechseln?
- ✔ Was sind Ihre Stärken, was Ihre Schwächen?
- ✔ Beschreiben Sie Ihre Arbeitsweise!
- ✔ In welchen Arbeitssituationen haben Sie in besonderem Maße Teamgeist/ Durchsetzungsvermögen/Selbstständigkeit bewiesen?
- ✔ Warum glauben Sie für den Job geeignet zu sein?
- ✔ Wie beschreibt Sie Ihr jetziger Chef, Ihre jetzigen Kollegen?
- ✔ Was erwarten Sie von Ihrem neuen Chef/Kollegen/Arbeitsplatz/Aufgabe?
- ✔ Welche Gehaltsvorstellungen haben Sie?
- ✔ Wann könnten Sie anfangen?

Anleitung für den Bewerber

Nehmen Sie die Spielsituation ernst: Antworten Sie so, als wären Sie in einem echten Bewerbungsgespräch. Konzentrieren Sie sich. Es ist Ihre Lernchance. Zuhause dürfen Sie Fehler machen und können trotzdem nur gewinnen. Beantworten Sie anschließend an das Gespräch die Fragen des Beobachters. Sprechen Sie ohne Scheu über vorhandene Unsicherheiten und darüber, was Ihnen leicht gefallen ist.

→ merkblatt für den beobachter

Machen Sie sich als stiller Beobachter der Szene folgende Notizen

	Bewerber	Interviewer
Körpersprache Mimik Gestik		
Verbaler Ausdruck		
Argumentations- verhalten		
Logik		
Sonstige Beobachtungen		

Anleitung für den Beobachter

Bereiten Sie vor Beginn des Interviews ein Blatt vor, das Ihnen als Arbeitsvorlage dient (→ oben). Nach dem Interview sind Sie der Moderator und befragen als erstes den Bewerber:

→ Wie hast du dich gefühlt?

→ An welcher Stelle glaubst du, hast du dich gut verkauft, an welcher schlecht?

→ Was ist dir leicht gefallen, was schwer?

→ Wie zufrieden bist du insgesamt?

→ Glaubst du, du hättest die Stelle bekommen?

Als zweites befragen Sie den Interviewer:

→ Wie ist es dir ergangen?

→ An welcher Stelle hat dich der Bewerber überzeugt, an welcher nicht?

→ Hat dir etwas vom Bewerber gefehlt oder war etwas zuviel?

→ Hättest du den Bewerber eingestellt?

Zuletzt schildern Sie selbst Ihre Beobachtungen und teilen dem Bewerber mit, was Sie wahrgenommen haben. Zu dritt werden Sie schnell feststellen, welche Punkte schon gut waren und welche vielleicht noch verbesserungswürdig sind.

Weisen Sie sowohl den Bewerber als auch den Interviewer immer wieder darauf hin, wenn sie von sich sprechen, die ich-Form zu benutzen. Sehr leicht verwenden wir beim Antworten auf Fragen die Floskel »man«, obwohl wir von uns selber sprechen. Zum Beispiel: »Man weiß gar nicht mehr, wo man als erstes anfangen soll!« Oder: »Man fühlt sich falsch behandelt.« Vergleichen Sie einmal die unterschiedliche Qualität der Aussagen, wenn Sie das Wörtchen »man« durch »ich« ersetzen. Wiederholen Sie das Übungsgespräch noch einmal. Am besten in gleicher Rollenverteilung. Achten Sie darauf, dass die Gesprächsrunde ein Limit von 30 bis 40 Minuten nicht überschreitet. Der größte Redeanteil sollte natürlich beim Bewerber liegen. Zeichnen Sie über den Kassettenrecorder auch die Feedbackgespräche mit auf. So können Sie sich wichtige Punkte später noch einmal in Ruhe anhören.

Fallbeispiele

Erfahren Sie aus den nachfolgenden, wahren Fallbeispielen, welches Verhalten oder welche Einstellung der Beteiligten zur jeweiligen beruflichen Situation geführt hat, welche Folge sich daraus ergeben hat, und welche Lösungsmuster zu einer positiven Veränderung beigetragen hätten.

1. Wunschunternehmen

»Ich habe mich für ein Start-up Unternehmen der New Economy entschieden. Mit modernst ausgestattetem Arbeitsplatz, jungen Kollegen. Und bin heute noch glücklich mit meiner Entscheidung – was meine Aufgabe angeht. Meinen neuen Chef hätte ich mir allerdings besser aussuchen sollen. Nach einem Vorstellungsgespräch von 20 Minuten, in dem nur sachliche Fakten wie Einstelltermin, Arbeitszeit und Kurzbeschreibung meiner künftigen, noch nicht klar definierten Aufgaben angesprochen wurden, entschied ich mich für dieses Unternehmen, weil es meine Wunschbranche war! Ich wollte immer schon in die Reisebranche; als Quereinsteiger nicht leicht. Ich habe wohl ein Auge zugedrückt und mir gedacht: Hauptsache ich bin drin. Heute weiß ich, dass ich meinen Chef besser hätte interviewen sollen. Dann wäre klar geworden, dass er meinen Erwartungen von einem Vorgesetzten überhaupt nicht entspricht. Mich im Team mit ihm zu sehen, fällt mir immer schwerer, da er im Haus keine Lobby hat und seine Schwächen intern nicht kaschieren kann. Immerhin tue ich mich jetzt leichter, wenn ich wieder innerhalb der Branche wechseln möchte. Nur muss ich noch ein bisschen warten. Sieht im Werdegang nicht gut aus, nach nur sechs Monaten schon wieder zu gehen.«

Der Fehler

→ Branche und Wunschunternehmen wurden zu sehr in den Vordergrund gerückt.
→ Der Zusammenarbeit mit dem Vorgesetzten wurde zu wenig Bedeutung beigemessen.
→ Gegenseitige Erwartungen wurden im Bewerbungsgespräch nicht ausreichend geklärt.

Die Folge

→ Der Mitarbeiter kann seinen Vorgesetzten persönlich und fachlich nicht voll respektieren.
→ Er identifiziert sich innerhalb der Abteilung nicht als Team mit dem Vorgesetzten.
→ Durch die Disharmonie entstehen Spannungen auch über die zu repräsentierende Abteilung hinaus. Je offener der Konflikt zwischen Mitarbeiter und Vorgesetztem ausgetragen wird, desto mehr leidet das Ansehen dieser Abteilung innerhalb des Gesamtunternehmens.
→ Es entsteht Unzufriedenheit sowohl beim Mitarbeiter als auch beim Chef.
→ Durch die innere Blockade beider, können Wissensvermittlung und Lerneffekt nicht optimal eingesetzt werden.

 **Lösung**

✔ Änderung der inneren Einstellung: Von »Ich muss noch durchhalten, bis ein neuer Wechsel optisch in meinem Werdegang akzeptabel ist« zu »Ich arbeite daran, mein Arbeitsverhältnis zu optimieren, um eine befriedigendere Situation zu erreichen«.

✔ Ein Mitarbeitergespräch unter vier Augen, bei dem die gegenseitigen Erwartungen klar definiert werden und geeignete, detaillierte und klärende Maßnahmen zusammen vereinbart werden.

✔ Kontrolle der Umsetzung durch regelmäßige Feedbackgespräche.

2. Altes Eisen

»Endlich gab mir jemand eine Chance! Nach zwölf Monaten der Arbeitslosigkeit war ich mit meinem Selbstbild fertig. Meinen Job hatte ich verloren, weil meine Stelle kurzerhand nach fünf Jahren aus betrieblichen Gründen, wie es hieß, eingespart wurde. Weg zu sein, auf der Straße zu stehen, mit 48 Jahren noch mal von vorne anzufangen, zu erklären, warum ich mich noch immer nicht zum alten Eisen zähle, das alles habe ich mir am Anfang leichter vorgestellt. Ich habe mir tatsächlich eingebildet, dass meine langjährige Erfahrung als Assistentin des Vorstandes einer Halbleiterfirma ausreichen würde, um mich mit Handkuss einzustellen. Nach wenigen Gesprächen habe ich gemerkt, dass ich einem großen Irrtum unterlag. Ich war zu alt. Ich war zu teuer. Nach der fünfzigsten Bewerbung und nur vier Vorstellungsgesprächen war ich mürbe. Ich habe mir dann angewöhnt, telefonisch abzuklären, ob ich mit meinem Alter noch interessant genug bin, meine Unterlagen zu schicken. Nur wenige haben mir klar gesagt, dass ich zu alt bin. Die meisten haben sich rausgeredet, ich solle mal meine Bewerbung schicken. Die Absage folgte, kaum dass meine Unterlagen eingegangen waren. Ich war am Boden. Hatte keine Lust mehr. Habe mir selbst eingeredet, unattraktiv und unbrauchbar zu sein. Bis meine Freundin auf mich zukam und mir anbot, ein Gespräch mit ihrem Chef zu suchen. Sie wollte kündigen und ein Leben auf Mallorca führen. Ich glaube, ich war bestimmt nicht sehr überzeugend im Gespräch, aber die Empfehlung meiner Freundin hat mir geholfen. Dass mein Chef ein Choleriker ist, und keine Gelegenheit auslässt, seine Launen an mir auszulassen, hat sie mir allerdings verschwiegen. Mir fehlt die Kraft zu kündigen, deshalb halte ich durch. Dank der netten Kollegen geht das. Ich komme aus der Arbeitslosigkeit und kann es mir persönlich, sozial und finanziell nicht erlauben, wieder in die Arbeitslosigkeit zurückzukehren.«

Der Fehler

→ Die Mitarbeiterin war nach einer Endlosbewerbungsphase entmutigt und verzweifelt. Ihre Qualifikationen und ihre Bedürfnisse stellte sie zugunsten einer neuen Aufgabe und aus Dankbarkeit, noch einmal eine Chance zu erhalten verständlicher- aber fälschlicherweise nicht mehr in den Vordergrund.

lösung

- ✔ Klare Feedbackgespräche zur Klärung des künftigen Umgangs miteinander.

- ✔ Persönliche Distanzierung und Konzentration auf die Sachaufgabe.

- ✔ Tritt keine Besserung ein, und kann sich die Mitarbeiterin auf Dauer nicht mit dem Chef arrangieren, sollte sie eine neue Jobsuche aus der gesicherten Arbeitssituation heraus versuchen.

Die Folge

➔ Ein Chef, der seine Launen an der Mitarbeiterin auslässt und das Arbeitsklima unerträglich werden lässt.

3. Zickenmodell

»Ich war gerade neu in der Stadt und reflektierte auf ein Stellenangebot als Sekretärin des kaufmännischen Leiters einer großen privaten Fernsehanstalt. Das Interview führten die Personalleiterin, der kaufmännische Leiter und sein Assistent. Ich kam mir schnell vor wie in einem Verhör. Frage-Antwort. Stetiges Bohren von drei Seiten. Frage-Antwort. Wollten nur Infos von mir, haben von sich aus nichts preisgegeben, weil sie angeblich am Umstrukturieren waren, der Arbeitsplatz noch nicht definiert war, der Gehaltsrahmen nicht feststand und so weiter. Der Blick der Fragenden richtete sich vorzugsweise an mir vorbei und zum Fenster hinaus. Den Bock schoss dann der kaufmännische Leiter ab: »Was ich hier in meiner Abteilung nicht gebrauchen kann, ist eine Zicke. Aber in einem Magazin stand letzte Woche: alle Frauen sind Zicken, und wenn sie keine Zicken wären, wären sie keine Frauen.« Was ich spätestens hier dachte, war klar. Fängt mit A an. Ein völlig unbefriedigendes Gespräch. Ich fühlte mich wie eine ausgequetschte Zitrone. Nach dem Motto: Wer hier arbeiten darf, hat keine Fragen zu stellen, sondern soll froh sein, eine Eintrittskarte bei diesem First-Class-Unternehmen der Fernsehbranche zu ergattern. Degradierend. Unter der Gürtellinie. Am meisten hat mich aber geärgert, dass ich das Gespräch auch noch bis zum Ende durchgestanden habe. Obwohl ich nach wenigen Minuten wusste, dass wir nicht füreinander bestimmt sind. Ich habe dann noch eine E-mail an die Personalleiterin geschrieben und ihr meine Eindrücke vom Gespräch mitgeteilt. Von Frau zu Frau sozusagen. Dieses Mal habe ich kein Blatt vor den Mund genommen. Eine Antwort aber habe ich nicht bekommen und schon gar keine Entschuldigung für das schlechte Benehmen. In der Post fand sich ein paar Tage später meine Bewerbungsmappe wieder. Mit lapidarem Kommentar. Vielleicht ist sie ja auch eine Zicke. Mir egal. Dummerweise bleibt mir in solchen Situationen erst einmal die Luft weg. Die besten Antworten fallen mir leider immer erst hinterher ein. Bei meinem nächsten Bewerbungsgespräch passiert mir das garantiert nicht mehr!«

Der Fehler

➔ Durch die von den Interviewern initiierte, unsachliche und verletzende Gesprächsführung entstand eine ungleiche Rollenverteilung, die die Bewerberin in die Defensive brachte.

➔ Die Bewerberin hielt trotzdem bis zum Ende des Bewerbungsgespräches durch, konnte den Gesprächsstil rhetorisch nicht durchbrechen und ihrer fachlichen und persönlichen Qualifikation nicht genügend Ausdruck verleihen.

Die Folge

➔ Die Bewerberin ärgert sich über die Interviewer und sich selbst, fühlt sich gedemütigt und unfair behandelt.

lösung

✔ Die Bewerberin kann den Gesprächsverlauf in neue Bahnen lenken, indem sie eine gekonnte Gegenfrage stellt: »Wie kommt es, dass Sie schon Erfahrungen mit Zicken gemacht haben?«

✔ Wenn sich die Bewerberin entschieden haben sollte, diesen Job auf keinen Fall mehr zu wollen, darf sie ihrem Gegenüber auch eine lehrreiche Lektion erteilen: »Zicke zu sein ist eine Frage des wechselseitigen Umgangs. Ich kann mir nicht vorstellen, dass jemand bei Ihnen zur Zicke wird, oder haben Sie da andere Erfahrungen gemacht?« Womit das Gespräch dann schnell beendet wäre, was auch im Sinne der Bewerberin sein dürfte. Sie kann nämlich davon ausgehen, das der ihr gegenüber gezeigte Umgangston im Bewerbungsgespräch im Sinne eines Parallelprozesses auch Anwendung im alltäglichen Arbeitsleben findet. Und wer will das schon?

✔ Ist die Bewerberin rhetorisch nicht so sicher, weiß aber, dass sie nicht mehr interessiert ist, sollte sie das Gespräch trotzdem rechtzeitig beenden und ihr Gesicht wahren: »Mir gefällt diese Art des Gesprächsverlaufes nicht. Ich glaube wir passen nicht zueinander und können uns gegenseitig Zeit sparen, indem wir hier abbrechen.«

4. Chefsache

»Ich weiß noch wie heute, wie nervös und aufgeregt ich war. Meine Augen und Ohren überhaupt nicht mehr loslösen konnte von dem tollen Mann, der mir da als mein zukünftiger Chef im Bewerbungsgespräch gegenübersaß. Nicht nur, dass er blendend aussah. Er war geradezu von charismatischer Erscheinung und beeindruckte mich durch seine Ausdruckskraft und sein gewinnendes Lächeln so sehr, dass ich völlig vergaß, das Unternehmen und die Aufgabenstellung genauer zu hinterfragen. Ein absoluter Gewinnertyp, kam mir in den Sinn. Von dem konnte ich bestimmt viel lernen. Mich mit ihm in Erfolgen sonnen. Ganz so naiv war ich natürlich trotzdem nicht. Ich habe mich schnell kritisch hinterfragt, ob ich mich nicht durch sein perfektes Auftreten blenden lasse. Aber die Neugier war viel größer. Als er mir noch im gleichen Vorstellungsgespräch ein Vertragsangebot machte, habe ich spontan ja gesagt und konnte mein Glück kaum fassen. Jetzt, nach knapp einem halben Jahr, in dem ich mich erst in Schulmädchen-Manier in ihn verliebt, dann unter großer Anstrengung versucht habe, mich vernünftigerweise wieder zu entlieben, erkenne ich, dass mein Wohl- und Unwohlsein in diesem Unternehmen immer noch von diesem für mich übermächtigen Menschen abhängt. Die Aufgabe macht mir nur Spaß, wenn sie mit einem besonders hohen Maß an Aufmerksamkeit und Anerkennung von meinem Chef entlohnt wird. Kriege ich diese nicht, bin ich lustlos und unkonzentriert. Am Anfang konnte das früher von mir so sehr geliebte Wochenende nicht schnell genug vorübergehen, so sehr sehnte ich mich danach ihn montags wiederzusehen. Inzwischen graut mir sogar davor. Ich versuche ihm aus dem Weg zu gehen und suche paradoxerweise gleichzeitig seine Nähe. So geht das einfach nicht mehr weiter. Einen Kontakt zur Belegschaft habe ich bis heute nicht aufgebaut. Ich glaube auch, man geht mir aus dem Weg. Und ehrlich – es interessiert mich nicht wirklich. Wie mich überhaupt nichts mehr interessiert außer meinem Chef. Längst weiß ich, dass er kein Übermensch ist, sondern lediglich ein guter Verkäufer, der sich übrigens ziemlich schnell von seinen Versprechungen, mit mir eng zusammenzuarbeiten und mich zu fördern, distanziert hat. Wahrscheinlich hat er längst bemerkt, dass ich ihm nicht nur sachliche Gefühle entgegenbringe, auch wenn ich versuche, meine Emotionen vor ihm zu verbergen. Ich glaube, ich muss hier raus. Ich kenne mich ja selbst kaum wieder.«

Der Fehler

→ Die Entscheidung der Bewerberin für dieses Unternehmen war ausschließlich gekoppelt an eine Person und von rein emotionaler Natur.

→ Die Aufgabe und Stellenverantwortung rückte zugunsten einer personenbezogenen Entscheidung in den Hintergrund.

→ Überstarke persönliche Gefühle machten eine sachliche, arbeitsbezogene Atmosphäre unmöglich.

→ Der Erfolg der Mitarbeiterin wird von ihr selbst nur noch am Aufmerksamkeitsgrad des Vorgesetzten bemessen, nicht an den konkreten Ergebnissen ihrer Leistung.

Die Folge

→ Der Vorgesetzte spürt die emotionale Forderung der Mitarbeiterin und distanziert sich zum Selbstschutz.

→ Eine betrieblich notwendige sachorientierte Zusammenarbeit wird unmöglich.

→ Die Mitarbeiterin ist gefangen in ihren Gefühlen und kann nicht mehr klar denken.

→ Arbeitsziele werden nicht mehr erreicht.

→ Die Mitarbeiterin führt ein Inseldasein.

lösung

✔ Die Mitarbeiterin muss ihre Gefühle klar hinterfragen.

✔ Schafft sie es, die Arbeit wieder in den Mittelpunkt zu rücken und verliert der emotionale Bezug zum Vorgesetzten seine Wichtigkeit, muss sie sich künftig klar auf ihre Aufgabenstellung konzentrieren und auf persönliche Kontakte oder Forderungen darüber hinaus weitestgehend verzichten. Kann sie dies gut über einen längeren Zeitraum demonstrieren, ist der Aufbau einer neuen vertrauensvollen Zusammenarbeit zwischen beiden mit etwas Glück wieder möglich.

✔ Ist die emotionale Verstrickung zu tief, hilft nur der Schritt nach vorne: die Kündigung oder die Bitte um Versetzung in eine andere Abteilung.

interview

> Meine Hände sind feucht, mein Magen
> flau, mein Kreislauf hat sich noch
> nicht entschieden, ob er mich an mei-
> nem Prüfungstag unterstützen wird
> oder nicht. Die Begrüßungsrunde ist
> vorbei. Jetzt sollen wir in einer
> Gruppendiskussion mit ›Durchsetzungs-
> vermögen bei gleichzeitigem Üben von
> sozialem Verhalten‹ glänzen. Wir alle
> nehmen unsere Aufgabe so ernst, dass
> wir die Beobachter um uns herum
> vergessen. Es wird debattiert, ge-
> feilscht, gelacht. Mir wird klar:
> Wir sitzen alle in einem Boot.

ASSESSMENT-CENTER

Große Unternehmen verfügen neben dem klassischen Vorstellungsgespräch noch über weitere Instrumentarien zur Personalauswahl. Ein besonders vielschichtiges und aufschlussreiches Auswahlverfahren zur Potentialanalyse stellt dabei das Assessment-Center dar. Dabei haben Sie einzeln oder in der Gruppe mit anderen Teilnehmern zusammen unterschiedliche praxisbezogene Aufgaben unter Beobachtung der Entscheidungsträger eines Unternehmens zu lösen. Besonders häufig treffen Sie auf Assessment-Center, wenn Sie sich für ein Traineeprogramm bewerben (→ Seite 28), und gelegentlich auch dann, wenn es um die Übernahme einer höheren Verantwortung innerhalb eines bestehenden Arbeitsverhältnisses geht. Die internen Bewerber eines Unternehmens werden bei diesem Auswahlverfahren

sozusagen auf »Herz und Nieren« geprüft, um den Geeignetsten davon zu befördern.
Die Teilnehmerzahl eines Assessment-Centers bewegt sich meist zwischen acht und zwölf. Die Dauer einer solchen Veranstaltung beträgt ein bis zwei Tage. Erst Ihr persönlicher Erfolg entscheidet über ein Vertragsangebot.

Erwartungen der Unternehmen

Neben Ihrer fachlichen Kompetenz erwarten die Unternehmen heute zunehmend Ihre außerfachliche, also Ihre soziale und auch Ihre methodische Kompetenz. Soziale Kompetenz bezieht sich auf persönliche Merkmale wie die Fähigkeit, situations- und zielangemessen zu handeln und die Fähigkeit, Prozesse und Ziele zu entwickeln und reflektieren zu können (→ auch Seite 112, 113).
Die methodische Kompetenz ist die Fähigkeit, Wissen konkret mit den dafür geeigneten Methoden und Instrumentarien umsetzen zu können. Das Assessment-Center bietet eine geeignete Plattform, um die Eignung des Kandidaten hinsichtlich der Erfüllung der vielschichtigen Anforderungsmerkmale konkreter beurteilen zu können.

Außerfachliche Kompetenzen

Im Vergleich zum mehr auf der sprachlichen Ebene stattfindenden Interview können im Assessment-Center Ihre außerfachlichen Kompetenzen wie Durchsetzungsvermögen, Teamfähigkeit, Kommunikationsfähigkeit, Belastbarkeit, Kreativität oder analytisches Denkvermögen anhand konkreter, arbeitstypi-

scher, interaktiver Spielsituationen besser eingeschätzt werden. Das Tückische daran ist, dass Sie als Teilnehmer keine Kenntnis über die zu erwartenden Übungen haben und oft nicht gleich wissen, welches Verhalten das Unternehmen bei den einzelnen Aufgaben von Ihnen erwartet. Die offensichtliche Wettbewerbssituation, in der Sie sich bei einem Assessment-Center befinden, ist für viele Teilnehmer überraschend und ungewohnt. Verschiedene Aufgaben und Übungen müssen Sie zum Teil alleine, zum Teil direkt mit einem oder mehreren anderen Teilnehmern zusammen absolvieren, denn nur so kann Rückschluss auf Ihre außerfachlichen, sprich Ihre sozialen und auch methodischen Kompetenzen gezogen werden.

Beobachter

Um das Verhalten der Teilnehmer in den einzelnen Übungen beurteilen zu können, werden diese bei ihren Aktivitäten von einer Gruppe von Entscheidungsträgern des Unternehmens beobachtet. Diese Beobachter, meist Fachvorgesetzte aus unterschiedlichen Unternehmensbereichen sowie Personalexperten, werden vor Beginn des Assessment-Centers mit den verschiedenen Beobachtungsdimensionen vertraut gemacht und entsprechend in ihrer Wahrnehmung geschult. Trotzdem sieht jeder Beobachter durch seine eigene Brille und hat eigene Präferenzen. Hinzu kommen allgemeine Wahrnehmungs- und Bewertungsfehler, die das Ergebnis im Assessment-Center verzerren können. Bei acht bis zwölf Kandidaten sollten daher vier bis sechs Beobachter anwesend sein.

Häufigste Beobachtungsfehler

→ **Stereotypen:** Hier assoziiert man ein bestimmtes Merkmal mit bestimmten Eigenschaften, die mit der realen Person oft wenig zu tun haben. Einem Brillenträger wird zum Beispiel häufig automatisch Intelligenz unterstellt.

→ **Halo-Effekte:** Hier »überstrahlt« ein besonders auffälliges Merkmal andere Eigenschaften und verführt den Beobachter zu einer positiven Gesamtbewertung des Teilnehmers. Dazu kann allein der Umstand ausreichen, dass Teilnehmer und Beobachter das gleiche, außergewöhnliche Auto fahren, von gleichen Urlaubszielen berichten können oder an der selben Uni beim gleichen Professor studiert haben.

→ **Sympathie- oder Antipathie-Effekte:** Erinnert der Teilnehmer den Beobachter beispielsweise an seine Schwester, zu der er ein besonders inniges und positives Verhältnis hat, ist dem Teilnehmer ein Sympathiebonus gewiss. Assoziiert der Beobachter die scheinbar identische Mimik eines Teilnehmers mit seinem früheren Vorgesetzten, mit dem er nicht ausgekommen ist, stellt sich automatisch ein Antipathie-Effekt ein. Beide Effekte führen zu einer Fehlwahrnehmung. So wird der Kandidat, dem ein Sympathiebonus zuteil wird, besser in seinen Eigenschaften beurteilt als ein theoretisch »identischer« Teilnehmer, der beim Beobachter Antipathie auslöst.

→ **Tendenz zur Mitte-Effekte:** Ist der Beobachter in der Wahl seiner Beurteilung eines Kandidaten unsicher, neigt er dazu, einen Mittelwert zu nennen. Dieser Effekt tritt im Assessment-Center häufig auf, da den Beobachtern ein sehr hohes Maß an Konzentration, Wahrnehmung und Einschätzung abverlangt wird.

Einen oder zwei ganze Tage lang ständig verschiedene Menschen in unterschiedlichen Situationen zu beobachten und einzuschätzen ist sehr anstrengend und verführt zu einer »Mittelmaß-Bewertung«, die ihre Aussagekraft verliert.

Moderator

Ergänzend zu den Beobachtern gibt es noch einen Moderator. Dabei kann es sich um einen externen Personalberater, Psychologen oder Personalexperten aus dem Unternehmen handeln. In seinen Händen liegt die organisatorische Leitung und die inhaltliche Ausgestaltung der einzelnen Übungen sowie die Schulung der Beobachter. Die vom Moderator erstellten Bewertungsbögen helfen den Beobachtern, ihre detaillierten Wahrnehmungen zu den einzelnen Kandidaten und jeweiligen Übungen auf Papier festzuhalten, um später bei der entscheidenden Beobachterkonferenz wichtige Beurteilungsangaben machen zu können.

Bewertungsbogen

Auf der rechten Seite sehen Sie einen Bewertungsbogen. Die Einstufungsnoten für das beobachtete Verhalten bedeuten: 1: sehr stark ausgeprägt, 2: ausgeprägt, 3: vorhanden, 4: kaum vorhanden, 5: nicht vorhanden.

→ **Interpretation:** Wenn man die von dem Beobachter in den Bewertungsbogen eingetragenen Begründungen betrachtet, hat der Teilnehmer zwar seine Aufgabe scheinbar gelöst, nämlich beispielsweise seine Interessen gegenüber den anderen Teilnehmern der Gruppendiskussion durchgeboxt, dabei aber wenig soziale Kompetenz bewiesen. Je nach Unternehmens-

muster

Bewertungsbogen im Rahmen einer Gruppendiskussion

Beobachtetes Verhalten	Einstufung	Begründung
Durchsetzungsvermögen	**X** 2 3 4 5	hat seine Interessen durchgesetzt
Einfühlungsvermögen	1 2 3 **X** 5	hat andere übergangen
Kompromissbereitschaft	1 2 3 **X** 5	hat keine Kompromisse gelten lassen
Initiative	1 **X** 3 4 5	engagiert, dynamisch
Sprechanteil	**X** 2 3 4 5	Vielredner
Flexibilität	1 2 **X** 4 5	nur hinsichtlich eigener Interessen
Sprachlicher Ausdruck	**X** 2 3 4 5	exzellenter Rhetoriker
Überzeugungsfähigkeit	1 2 **X** 4 5	nicht wirklich überzeugend
Argumentationsverhalten	1 **X** 3 4 5	könnte inhaltlich tiefer sein
Sachverhaltanalyse	**X** 2 3 4 5	analysiert messerscharf
Begeisterungsfähigkeit	1 **X** 3 4 5	für eigene Thesen
Beharrlichkeit	**X** 2 3 4 5	bleibt beinhart dran
Führungskompetenz	1 2 **X** 4 5	wird nur von Schwächeren akzeptiert
Selbstwahrnehmung	1 2 3 **X** 5	reflektiert kaum
Körpersprache	**X** 2 3 4 5	Mimik und Gestik harmonieren

kultur oder künftiger Aufgabenstellung mag dieser aber geradezu besondere Bedeutung beigemessen werden. So ist es nicht verwunderlich, wenn sich der Teilnehmer der Gruppendiskussion als »Sieger« fühlt, die Beobachter aber zu einem anderen Ergebnis kommen. Die Vielzahl der Spielsituationen und der unterschiedlichen Übungen gibt am Ende des

Assessment-Centers Aufschluss über die Eignung des Teilnehmers hinsichtlich Unternehmen und spezifischer Aufgabenstellung. Ein vom Moderator gegebenes, ausführliches und konkretes Feedback hilft den Teilnehmern am Ende des Verfahrens die Begründung für eine Zusage oder Absage zu verstehen.

Aufgabenstellungen

Die Aufgabenstellungen sind meist allgemein gehalten, da nicht davon ausgegangen werden kann, dass alle Teilnehmer über das gleiche Wissen beziehungsweise den gleichen beruflichen Background verfügen. Trotzdem sind sie so konzipiert, dass eine sinnvolle Beurteilung Ihrer persönlichen Eigenschaften und Fähigkeiten möglich ist. Zum bereits vorhandenen Wettbewerbsdruck kommt der Zeitdruck, der mit jeder Spielsituation einhergeht und die Tatsache, dass Sie extrem flexibel auf die Übungen reagieren müssen und nicht genau wissen, welches Verhalten von Ihnen erwartet wird. Trotzdem gibt es Standardübungen, die beinahe bei jedem Assessment-Center Anwendung finden. Betrachtet man sie genauer, kann man sich mental und emotional auf die bevorstehenden Aufgaben einstellen.
Standardübungen sind: Selbstpräsentation, Gruppendiskussion, Rollenspiel, Fallstudie, Planspiel, Vortrag, Postkorb, Aufsatz. Was verbirgt sich hinter den einzelnen Übungen?

➡ ihr auftritt

✔ Machen Sie sich vor dem Assessment-Center eine Liste: Welche Eigenschaften und welche berufliche Qualifikation befähigt mich zur Übernahme der vakanten Position? Halten Sie sich in Ihrer mündlichen Selbstdarstellung kurz, prägnant und klar.

✔ Geben Sie während Ihrer Selbstpräsentation nicht nur Hard-Facts an. Erzählen Sie auch über sich, wie es Ihnen in der Jetztsituation gerade geht, worauf Sie sich beispielsweise freuen, was Sie fühlen. Das weckt Sympathien, macht Sie einzigartig. So gewinnen Sie die besondere Aufmerksamkeit der Beobachter.

✔ Sprechen Sie zu allen Anwesenden! Diskreditieren Sie Ihre Mitbewerber nicht und – zaubern Sie ein Lächeln auf Ihre Lippen. Sie kriegen es zurück. Garantiert.

Selbstpräsentation
Meist steht die Selbstpräsentation am Anfang des Assessment-Centers, wenn Sie sich den anderen Kandidaten und Beobachtern vorstel-

*Im Assessment-Center wird vor allem auf
soziale Kompetenz geachtet.*

len müssen. Dies kann verbal erfolgen oder
aber auch beispielsweise kombiniert mit einer
Zeichnung, auf der Sie Ihren bisherigen beruflichen Werdegang oder Ihren Lebensweg in
Form von Symbolen darstellen sollen.
Die Selbstpräsentation hat eine besonders
wichtige Bedeutung, da Sie bei diesem
Ersteindruck wertvolle Sympathiepunkte
sammeln können, die – als Weichenstellung
für die nachfolgenden Übungen – häufig zu
einer wohlwollenden Beurteilung führen. Die
Herausstellung der fachlichen Kompetenz in

Bezug auf das Anforderungsprofil der zu
besetzenden Stelle garantiert ebenfalls wertvolle Pluspunkte.

Gruppendiskussion

Hier werden die einzelnen Kandidaten im
direkten Vergleich beobachtet. Die Aussagekraft dieser Interaktion ist ausgesprochen viel-
schichtig, weshalb der Gruppendiskussion
besonders viel Aufmerksamkeit entgegengebracht wird. Meist bekommen die Teilnehmer
eine Aufgabe vorgegeben, die sie in einem fest-

gruppen– diskussion

✔ Verinnerlichen Sie sich zunächst Ihre zugewiesene Rolle. Sammeln Sie Informationen und finden Sie heraus, was die Rollen der anderen Teilnehmer sind. Hinterfragen Sie Ihre Rolle und die zu vertretende Meinung zugunsten der übergeordneten Aufgabenstellung, nämlich zu einem Ziel zu kommen, das von Unternehmensseite her ideal und vertretbar ist.

✔ Verhalten Sie sich flexibel und kompromissbereit. Argumentieren Sie sachlich.

✔ Achten Sie auf Ihren Redeanteil: Wer zu lange nichts sagt, tut sich schwer, von der Gesprächsgruppe angenommen zu werden. Wer zuviel spricht und sich in den Vordergrund spielt, gilt schnell als aufgeblasen. Lassen Sie die Ellenbogen weg und kooperieren Sie.

gelegten Zeitrahmen besprechen sollen. Bei Gruppendiskussionen mit Rollenvorgaben erhalten die Kandidaten ein Schriftstück, das ihnen Aufschluss über ihre Rolle hinsichtlich bekleideter Position, Charaktereigenschaften und der zu vertretenden Meinung gibt. Man kann davon ausgehen, dass bei der Rollenvorgabe für reichlich Zündstoff gesorgt wird: unterschiedliche Interessen schüren Konflikte, der Zeitrahmen wird häufig durch den Mode-

rator gesprengt und so weiter. Trotzdem soll die Gruppe zu einem gemeinsamen Ergebnis gelangen.

Rollenspiel

Rollenspiele gestalten sich meist als Mitarbeiter- oder Kundengespräche, in denen Sie je nach Rollenvorgabe eine fiktive Identität annehmen, die sich mit den Anforderungen eines Berufsalltages messen lässt. Auch hier müssen Sie mit Konflikten umgehen.

Im Mitarbeitergespräch erhalten Sie zum Beispiel die Aufgabe, als Vorgesetzter einen Mitarbeiter auf dessen häufige Fehlzeiten hin anzusprechen. Die Rolle des Mitarbeiters, die Sie vermutlich nicht kennen, ist aber, seine besonderen Befähigungen herauszustellen und um eine Gehaltserhöhung zu bitten.

Machen Sie sich für das Mitarbeitergespräch die Feedbackregeln in Kapitel 3 (→ Seite 114) zunutze. Sagen Sie dem Mitarbeiter zum Beispiel, was Sie gut an seiner Leistung oder an seinem Verhalten finden, und formulieren Sie daran anschließend konstruktiv und klar, was Sie sich anders wünschen und weshalb. Somit dämpfen Sie auf der Stelle das vorhandene Konfliktpotential und können auf einer geklärten Beziehungsebene weiter kommunizieren. Mit plötzlich auftretenden inhaltlichen Überraschungen kommen Sie ebenfalls besser klar. Finden Sie nach Möglichkeit immer einen positiven Gesprächsabschluss. Lassen Sie Ihren Mitarbeiter nicht vollkommen demotiviert aus dem Raum gehen. Seien Sie flexibel mit vertretbaren Lösungsmodellen.

Beurteilt wird unter anderem Ihr Umgang mit Konflikten, Ihre analytischen Fähigkeiten,

soziale Führungskompetenz, Argumentations-
verhalten, die Fähigkeit zu motivieren und die
Art, wie Sie zu einer Lösung beitragen und
deren Konsequenzen berücksichtigen.

Das Kundengespräch kann als Verkaufs-,
Reklamations- oder Akquisitionsgespräch auf-
gezogen werden. Der Umgang mit Einwänden,
Ihr sprachlicher und körpersprachlicher Aus-
druck sowie Ihr Argumentationsgeschick und
Ihre Überzeugungskraft werden beurteilt.
Machen Sie sich dafür startklar, in dem Sie ein
paar wenige, einfache Regeln befolgen. Stellen
Sie sich unterstützend vor, wie Sie selbst als
Kunde schon reklamiert haben, wie es Ihnen
dabei ergangen ist, und wie Sie sich gewünscht
hätten, behandelt zu werden.

→ **Regel 1:** Hören Sie dem Kunden gut zu, Sie
bekommen dabei wichtige Informationen und
der Kunde kann erst mal Dampf ablassen.

→ **Regel 2:** Zeigen Sie Bedauern und Verständnis – auch wenn die »Schuld« nicht bei
Ihnen oder dem Unternehmen liegt.

→ **Regel 3:** Schieben Sie die »Schuld« nie auf
einen Kollegen.

→ **Regel 4:** Argumentieren Sie sachlich,
logisch und ruhig.

→ **Regel 5:** Lenken Sie das Gespräch auf
Lösungsansätze und nicht auf Konflikte. Kon-
trollieren Sie: Haben Sie den Kunden noch
oder haben Sie ihn bereits verloren? Finden Sie
eine Lösung, die für beide Seiten akzeptabel ist
und vergewissern Sie sich, ob der Kunde damit
zufriedengestellt ist.

Fallstudie und Planspiel

Hier werden die Kandidaten mit komplexen
Aufgabenstellungen konfrontiert, deren um-

fallstudie planspiel

✔ Nehmen Sie sich ausreichend Zeit für
die Analyse der vor Ihnen liegenden
Informationen.

✔ Versetzen Sie sich in die Interessens-
lage eines Unternehmers. Es ist Ihre
Firma!

✔ Denken Sie im Falle einer Gruppen-
übung daran, dass Ihr Verhalten auf
den Meinungsbildungsprozess der
Gruppe einwirkt und ebenso wichtig
ist, wie das erzielte Ergebnis selbst.

fangreiche Sachverhalte es zu analysieren
gilt, um die richtigen Schlussfolgerungen
zu ziehen.

Fallstudien und Planspiele können sowohl
als Einzelübung als auch in Form von Grup-
penübungen eingesetzt werden. Der Prozess
der Ergebnisfindung ist ebenso bedeutend
wie das Ergebnis selbst. Die Ergebnisse
müssen innerhalb einer vorgegebenen Zeit
schriftlich abgegeben oder als Vortrag präsentiert werden.

Bei Planspielen wird dem Teilnehmer meistens ein fiktives Unternehmen zur Leitung
übergeben. Die typischen Aufgaben reichen
von Unternehmenszukäufen, Waren- und
Materialeinkäufen und Marktbeobachtun-
gen bis hin zur Einstellung oder Entlassung
von Personal.

Um Fallstudien handelt es sich, wenn nicht nur quantitative Ziele im Vordergrund stehen, sondern auch Begründungen, Strategien und der Umgang der Teammitglieder untereinander bewertet werden sollen.

Vortrag

In dieser Übung treten Sie allein vor eine Gruppe und referieren über ein bestimmtes, frei zu wählendes oder vorgegebenes Thema, innerhalb eines festgelegten Zeitrahmens. Meistens handelt es sich um Fragestellungen zur künftigen Marktentwicklung bestimmter

→ vortrag

✔ Strukturieren Sie klar, arbeiten Sie Kernaussagen heraus und bauen Sie Argumente darum. Wählen Sie keine zu komplizierten Medien, um technische Pannen zu vermeiden.

✔ Bleiben Sie sachlich und beim Thema und vergaloppieren Sie sich nicht.

✔ Die inhaltlichen Aspekte Ihres Vortrages sind nur die halbe Miete: Achten Sie vor allem auf Ihre Körpersprache, sprechen Sie flüssig und halten Sie unbedingt Blickkontakt zum Publikum.

✔ Sprechen Sie laut genug, damit Sie von jedem gehört werden und langsam genug, um Ihren Worten Wirkung zu verleihen.

Branchen oder um berufliche Qualifikationen. Zum Beispiel: »Wie sieht die Zukunft der Handy-Generation aus?« oder »Welche Bedeutung haben hausinterne Schulungsmethoden, und wie kann deren Einsatz hinsichtlich Kosten/Bedürfnisse/Motivation/Akzeptanz verbessert werden?«

Bei einem Vortrag stoßen mehrere Stressfaktoren zusammen: Zum einen müssen Sie sich inhaltlich mit einem Thema auseinandersetzen, es analysieren, strukturieren, eine eigene Meinung finden, Pro- und Contra-Punkte sammeln und mit einem optimalen Einsatz von Medien präsentieren. Zum anderen müssen Sie durch Rhetorik, dramaturgischen Spannungsaufbau und körpersprachlichen Ausdruck die Beobachter für sich gewinnen.

Postkorb

Diese Übung simuliert einen Teilausschnitt eines möglichen Bürotages, in dem Sie als fiktive Führungskraft mit den unterschiedlichsten in Schriftform vorliegenden Fragestellungen konfrontiert werden und diese innerhalb einer vorgegebenen Zeit zu lösen haben.

Die Aufgabe könnte lauten: »Sehen Sie die Ablage durch und bearbeiten Sie diese innerhalb einer Stunde.« Dabei könnten Ihnen folgende Problemstellungen begegnen:

»Der Systemspezialist ist erkrankt. Sie brauchen zu einer wichtigen Geschäftssitzung, die in drei Tagen stattfinden soll, eine EDV-Statistik, die nur dieser erstellen kann.«

»In Ihrer Abteilung gab es Ärger unter den Kollegen. Frau Meier verweigert die Zusammenarbeit mit Herrn Müller. Herr Müller bittet Sie um Ihr Eingreifen.«

»Im Auftrag der Geschäftsleitung sollen Sie noch heute während der Abteilungsversammlung eine Rede über die für Ihren Bereich geplante personelle Umstrukturierungsmaßnahme halten.«
Gefragt sind Entscheidungsstärke, analytisches Denkvermögen, soziale Kompetenz, Koordinations- und Delegationsfähigkeit und Stressresistenz. Am besten Sie lesen sich zuerst alle Notizen des Postkorbs durch, trennen danach wichtige von unwichtigen Informationen und delegieren, wo es Sinn macht. Notieren Sie Ihre Entscheidungen direkt auf dem Schriftstück.

a u f s a t z

✔ Strukturieren Sie Ihren Text nach einem kurzen Brainstorming und stellen Sie eine logische und leserfreundliche Gliederung voran.

✔ Bleiben Sie am Thema.

✔ Achten Sie auf eine ansprechende Optik hinsichtlich Form, Gestaltung und Schriftbild.

Aufsatz

Diese Übung zentriert sich auf Ihr schriftliches Ausdrucksvermögen, Ihre Fähigkeit, Themen zu analysieren und zu strukturieren und dazu Stellung beziehen zu können. Die Übung erstreckt sich über berufsfeldbezogene Themen bis hin zu der Frage, weshalb gerade Sie in diesem Unternehmen eingestellt werden sollen. Mögliche Fragestellungen könnten sein:
»Welche Rolle spielt das Internet für unsere zukünftige Unternehmensstrategie?«
»Welche Fähigkeiten zeichnen eine erfolgreiche Führungskraft aus?«
»Warum wollen Sie bei uns arbeiten? Was unterscheidet Sie von anderen Kandidaten?«

Belohnung

Die Anforderungen an die Kandidaten während eines Assessment-Centers sind hoch. Die Belohnung am Ende aber auch. Bei zwölf Teilnehmern bekommen vielleicht nur ein oder zwei Kandidaten ein Vertragsangebot. Aber auch die anderen Teilnehmer gehen nicht leer

aus. Der Lohn für die Mühe, die Aufregung und Anspannung ist das Feedback des Moderators. Er spiegelt Ihnen am Ende des Assessment-Centers in einem sehr ausführlichen Vier-Augen-Gespräch Ihr Verhalten und die daraus resultierende Auswirkung auf Einzel- oder Gruppenprozesse in den verschiedenen Situationen wider. Dadurch können Sie verstehen, warum Sie dieses Mal »gescheitert« sind und haben die Chance, zu überprüfen, wie Sie künftig Ihr Verhalten ändern könnten.
Möglicherweise erhalten Sie nie wieder ein Feedback dieser Art, welches ein wahres Geschenk ist – egal ob Sie eingestellt werden oder nicht. Alleine schon deshalb ist die Teilnahme an einem Assessment-Center auf jeden Fall lohnenswert.
Und wenn Sie es geschafft haben? Dann beginnt eine besonders aufregende, spannende Phase – die ersten drei Monate im neuen Job – und eine aussichtsreiche Zukunft!

Hurra geschafft!

→

Herzlichen Glückwunsch! Ihre Mühe und Ihre Planung haben sich also gelohnt. Und jetzt wird's richtig spannend: Der erste Tag im neuen Job, die neuen Kollegen, die neue Aufgabe ... Erfüllen sich die Erwartungen?
Was Sie dazu beitragen können?
Eine ganze Menge – lesen Sie!

→ **interview**

Mein erster Tag im neuen Job. Ich dachte an einen Empfang, mit Blumen oder so. Aber — die hatten mich glatt vergessen! Total peinlich. Nachmittags kamen von überall her Kollegen auf mich zu, nahmen eine Flasche Schampus und prosteten mir freundlich zu. Ob ich mich nützlich machen könnte, hörte ich mich fragen. Schon war ich mittendrin in einem wichtigen Projekt. Am nächsten Morgen erwartete mich ein riesiger Blumenstrauß und ein schuldbewusster Chef.

DIE CHANCE DER ERSTEN DREI MONATE

Herzlichen Glückwunsch! Sie haben Ihr Ziel erreicht und einen neuen vielversprechenden Job gefunden. Sicher wünschen Sie sich einen vielleicht nicht unbedingt ewiglichen, aber trotzdem längerfristigen Arbeitsplatz, der Sie glücklich und zufrieden macht.

Das Bemühen um eine Stelle ist das eine. Sie zu behalten, das andere. Leider hört bei vielen Menschen das Bemühen um eine rundherum zufriedene Arbeitssituation auf, sobald Sie einen Job angefangen haben. Doch jetzt geht es erst richtig los! Sie können selbst jede Menge zu Ihrem Glück beitragen.

Dass Sie als Neuling nur ergeben der Dinge harren können, die über Sie verhängt werden – bis hin zum Bestehen oder Nicht-Bestehen der Probezeit – gehört nämlich ins Reich der Legenden.

Probezeit

Die Probezeit dient dem gegenseitigen Kennenlernen. Gleichzeitig stellt sie die intensivste Informationsphase im neuen Unternehmen dar und legt die Weichenstellung für unsere informellen und formalen zwischenmenschlichen Beziehungen.

Kennenlernphase

Der erste Eindruck, den Sie bei Kollegen und Chef hinterlassen, spielt eine große Rolle für Ihr Ansehen im Haus. Haben Sie eine positive Performance gezeigt, weil Sie beispielsweise offen und aufgeschlossen auf Ihre neuen Kollegen zugegangen sind oder im ersten Meeting gleich mit einer interessanten Meinung oder brillanten Lösung überzeugt haben, ist Ihnen der Sympathiebonus gewiss. Diesen umzuwerfen ist gar nicht so einfach. Umgekehrt gilt jedoch das gleiche: Haben Sie einen schlechten Eindruck hinterlassen, weil Sie beispielsweise alles besser wissen, nur den Chef grüßen oder gar keine Meinung zu irgendetwas haben, müssen Sie sich doppelt anstrengen, um diesen wieder gerade zu rücken.

Informationsphase

Fragen zum Unternehmen und Fragen fachlicher Natur dürfen Sie jetzt in Hülle und Fülle stellen. Nutzen Sie also Ihren Neulingsstatus. Fragen, die Sie am Anfang nicht stellen, weil

Die ersten drei Monate bieten Gelegenheit, Kontakte zu knüpfen und Informationen zu sammeln.

→ **checkliste**

Bevor Sie ein Mitarbeitergespräch führen, stellen Sie an sich selbst folgende kritische Fragen

✔ Wie zufrieden bin ich mit der Aufgabe?

✔ Wie zufrieden bin ich mit der Zusammenarbeit der Kollegen?

✔ Wie gestaltet sich das Miteinander mit meinem Vorgesetzten?

✔ Was läuft gut, was nicht?

✔ Wo benötige ich noch mehr Unterstützung?

Sie vielleicht Sorge haben, nicht kompetent genug zu wirken, werden Sie später erst recht nicht mehr los. Also, holen Sie sich soviel Informationen wie nötig ein, um Ihren Job gut machen zu können. Man wird Sie in der ersten Zeit gerne unterstützen und Ihre »Unwissenheit« bestimmt nicht negativ auslegen. Später kann es unter Umständen peinlich werden, nach dem Motto: »Das müsste sie doch schon längst wissen!«

Mitarbeitergespräch

Als reifer und eigenverantwortlicher Mitarbeiter halten Sie selbst die Zügel in der Hand. Warten Sie nicht bis zum Ende der Probezeit auf das Urteil Ihres Vorgesetzten über Sie. Was machen Sie, wenn Sie der Ansicht sind, alles läuft bestens und einen Tag vor Probezeitende bekommen Sie die Kündigung serviert? Auch wenn Sie es nicht glauben, diese Fälle sind gar nicht so selten. Sie können nicht mehr reagieren, geschweige denn agieren. Es ist zu spät.

Leider können Sie nicht immer davon ausgehen, dass Personalverantwortliche Ihren Job verstehen und rechtzeitig ein Mitarbeitergespräch führen. In Ihrem eigenen Interesse deshalb der dringende Appell an Sie: Verlangen Sie ein Feedbackgespräch von Ihrem Vorgesetzten! Auch wenn Sie denken, alles passt. Sie haben Anspruch darauf, konkret zu wissen, ob Ihr Vorgesetzter mit Ihren Leistungen und Ihrem Verhalten zufrieden ist oder Verbesserungswünsche hat.

Formulieren Sie daraus ableitend eine Botschaft an Ihren Vorgesetzten und fragen Sie ihn nach seiner Einschätzung über Ihre Leistung. Sollte etwas nicht im Lot sein, vereinbaren Sie bitte zusammen konkrete Veränderungsmaßnahmen. Sie brauchen eine Chance – Ihr Chef vielleicht auch. Nur wer die gegenseitige Erwartungshaltung kennt, kann bewusst handeln. Ihrer Beziehung wird dieser faire Umgang miteinander auf jeden Fall gut tun – gleichgültig ob Handlungsbedarf besteht oder nicht. Mitarbeitergespräche sollten nicht nur während der Probezeit, sondern am besten alle sechs bis zwölf Monate zwischen Vorgesetzten und Mitarbeiter stattfinden. Damit ist der intensive Austausch unter vier Augen gemeint, eine Bestandsaufnahme dessen, was ist und was werden soll. So vermeiden beide Seiten unangenehme Überraschungen und stellen sicher, rechtzeitig auf Unzufriedenheiten reagieren zu können.

Zielvereinbarung

Manche Unternehmen haben standardisierte Zielvereinbarungen eingeführt. Darin werden gemeinsam mit dem Mitarbeiter qualitative, quantitative und temporäre Ziele unterschiedlichster Art konkret definiert. Es kann sich dabei um Ihren Anteil am übergeordneten Unternehmensziel handeln, wie um Ihren Anteil am Abteilungsziel oder auch um persönliche Ziele, die beispielsweise auf Ihr Verhalten reflektieren. Besonders wichtig dabei ist die Transparenz, Erreichbarkeit und Messbarkeit der gesteckten Ziele.

Führungskräfte werden in der Regel häufiger mit Zielvereinbarungen konfrontiert als andere Angestellte, da sie meist einen größeren Bereich zu verantworten haben und mehrere Ziele gleichzeitig erreichen müssen.

Zielvereinbarungen sind oft auch an Gehalts- oder Bonussysteme gekoppelt. Fragen Sie nach, ob in Ihrem Fall eine Zielvereinbarung vorgesehen ist. Wenn nicht, klären Sie, in welcher Regelmäßigkeit Mitarbeitergespräche durchgeführt werden. Sowohl bei der Zielvereinbarung als auch im klassischen Mitarbeitergespräch ist Ihre Meinung und Ihre Einschätzung genauso gefragt, wie die Ihres Vorgesetzten.

So finden Sie Mentoren

Was ist ein Mentor?

Mentoren sind meist etwas ältere, berufs- und lebenserfahrene Menschen, die als sehr kompetent und oft auch charismatisch empfunden werden. Mentoren führen, steuern, lenken und begleiten Sie in Ihrer fachlichen und/oder in Ihrer persönlichen Entwicklung und fordern

m e n t o r e n

Wann haben Sie einen Mentor gefunden?

✔ Wenn Sie besonders viel Wert auf die Meinung oder das Urteil eines bestimmten Menschen legen.

✔ Wenn Sie sich von dieser Person besonders verstanden und motiviert fühlen.

✔ Wenn Sie mit diesem Menschen gerne Zeit verbringen.

✔ Wenn Sie diesem Menschen voll vertrauen.

✔ Wenn Sie bei ihm gerne Rat suchen.

✔ Wenn Sie vor diesem Menschen ganz offen und ehrlich auch über Zweifel oder Unangenehmes sprechen können und sich dabei wohl und in guten Händen fühlen.

✔ Wenn Sie das Gefühl haben, in Ihrer Entwicklung unterstützt zu werden.

Ihnen dabei ohne viel Zutun Ihr ganzes Engagement, Ihre ganze Motivation ab – wie von selbst. Eine Anstrengung empfinden Sie dabei kaum. Mentoren fördern und fordern Sie zu Ihrem Wohle.

Ein Mentor ist niemand, der Ihnen einfach Lösungsvorschläge oder gar Ratschläge gibt. Er hilft Ihnen vielmehr dabei, dass Sie in der Lage sind, Ihre eigenen Lösungen für sich zu

Mentoren stehen als kritische, aber wohlwollende Partner zur Seite.

wenn uns die Berufswege wieder trennen. Sie merken vielleicht schon: Ihre Vorgesetzten waren wahrscheinlich nicht immer auch Mentoren für Sie. In der Tat finden wir Mentoren selten in unserem unmittelbaren Betätigungsfeld. Häufiger treffen wir Sie in der Funktion des Übervorgesetzten. Damit ist der Vorgesetzte Ihres Vorgesetzten gemeint. Oder aber auch in Nachbarabteilungen. Echte Mentoren handeln normalerweise uneigennützig und biedern sich nicht an. Sie müssen gesucht und gefunden werden.

Mentor ist man oder nicht

Mentor ist kein Beruf und auch nicht erlernbar. Unternehmen, die Mentorensysteme integriert haben, haben dies bei ihrer Auswahl hoffentlich gut berücksichtigt. Mentoren qua Amt können hilfreich sein. Besser ist es aber, Sie wählen sich Ihren eigenen. Die Wahl hängt entscheidend von der persönlichen Chemie zwischen zwei Personen ab. Meist begegnen uns in unserem Berufsleben nicht mehr als ein bis zwei Mentoren. Sie haben also gute Chancen, Ihren noch zu finden! Wenn Sie aufmerksam sind und nach einem Mentor bewusst Ausschau halten, werden Sie schnell merken, ob sich in Ihrer Nähe eine geeignete Person findet.

Schlagwort soziale Kompetenz

Sozial kompetente Menschen haben es leichter, andere zu überzeugen, auf sich aufmerksam zu machen, anerkannt zu werden. Sie machen auf Dauer beständiger Karriere als beinharte Ellenbogenmenschen.

finden, und unterstützt Sie auf Ihrem beruflichen und persönlichen Weg ohne eigene Absichten oder Vorteile. Mentoren sind eine wahre Bereicherung für unser Leben. Wir können Ihnen beruflich wie privat begegnen. Haben wir erst einmal einen Mentor gefunden, bleiben wir ihm auf Dauer verbunden – auch

Unter sozialer Kompetenz versteht man personenbezogene Eigenschaften, wie die Fähigkeit sich in andere einfühlen zu können, Teamfähigkeit, Belastbarkeit, Durchsetzungsvermögen, Initiative, Motivationsgeschick, Kreativität, Konfliktfähigkeit, Leistungs-, Entscheidungs- und Verantwortungsbereitschaft, faires Denken und Handeln und den respektvollen Umgang mit anderen.

Das richtige, sensitive Kommunikationsgeschick spielt dabei eine große Rolle. Hier ein einfaches Kommunikationsbeispiel auf der Beziehungsebene:

Der Chef sagt zum Mitarbeiter: »Wie weit sind Sie denn mit der Ausarbeitung zu unserem Sonderprojekt? Ich habe immer noch nichts vorliegen!« Er denkt über seinen Mitarbeiter: Wenn ich ihn nicht jedes Mal trete, bringt er nichts zustande!

Der Mitarbeiter sagt zum Chef: »Es gibt da noch Probleme mit der Datenaufbereitung. Die Finanzbuchhaltung hat noch nicht alles geliefert. Ich hoffe aber bis heute Nachmittag fertig zu sein.« Er denkt über seinen Chef: Schon wieder setzt er mich unter Druck. Es liegt wirklich nicht an mir, aber das versteht er sowieso nicht.

Hier wird klar, dass eine scheinbar sachliche Unterhaltung oder Aufforderung oft versteckte Botschaften auf der Beziehungsebene birgt.

Sozial kompetente Menschen haben mehr Erfolg

Mit ihnen umgeben wir uns besonders gerne. Soziale Kompetenz kann man erlernen. Sie findet nicht im Kopf statt, sondern in unserer Einstellung und Haltung Anderen gegenüber.

soziale kompetenz

Wussten Sie, dass 80% unserer täglichen Kommunikation im beruflichen Miteinander Botschaften auf der Beziehungsebene enthalten? Nur 20% enthalten rein sachliche Informationen. Und natürlich zählen nicht nur die gesprochenen Worte, sondern auch Tonfall, Mimik und Gestik dazu.

Wie es um Ihre soziale Kompetenz aussieht, spiegelt Ihnen Ihre Umwelt wider. Werden Sie geschätzt und anerkannt als Mensch und Mitarbeiter? Von wem und von wem nicht? Mehr privat oder beruflich?

Natürlich kommt man nicht mit allen Menschen gleich gut aus, und soziale Kompetenz bedeutet auf keinen Fall, mit jedem lieb Kind zu sein, aber: wie gewichten sich die Anteile? Wo schätzt man Sie menschlich besonders und warum? Was ist es Ihnen wert, von Anderen anerkannt und geschätzt zu sein? Was haben Sie bisher alles dafür getan, und was könnten Sie in Zukunft vielleicht noch dafür tun? Sagen Sie Ihrem Chef oder Ihren Kollegen, Ihren Freunden, Ihrer Familie, wenn Sie mit etwas nicht einverstanden sind? Wie wäre es beispielsweise mit einem freundlichen Hinweis an einen Kollegen, der Sie immer wieder versucht zu übergehen? Auch das ist soziale Kompetenz: konstruktives Feedback geben und nehmen!

interview

Früher fühlte ich mich oft von Kollegen übergangen. Zum Beispiel, wenn sich alle zum Mittagessen verabredet hatten und ich als einzige zurückbleiben musste, um Telefondienst zu leisten. So recht Anschluss fand ich nie. Das tat weh. Als dann bei unserem internen Büroumzug auch noch meine junge Kollegin das größere Büro zugewiesen bekam, habe ich hemmungslos geheult und bin weggerannt.

FEEDBACK – SCHLÜSSEL ZU LANGFRISTIGEM ERFOLG!

Dieses Beispiel steht stellvertretend für viele Situationen in unserem Leben, in denen wir nicht sagen, was wir denken, bis der berühmte Tropfen das Fass zum Überlaufen bringt, und unsere Umwelt irritiert auf unsere überraschenden Ausbrüche reagiert. Oder für Situationen, in denen wir zwar sagen, was wir denken, uns dabei aber undiplomatisch im Ton vergreifen, sodass wir uns selbst ärgerlich auf die Zunge beißen und wünschten, doch nie gesprochen zu haben. Feedback richtig angewandt, verbessert unsere Arbeits- und Lebensqualität entscheidend! Dazu bedarf es allerdings einer bewussten Sprache und für den Anfang ein wenig Mut. Denn in vielen Unternehmen ist Offenheit erwünscht.

Was ist Feedback?

Feedback geben Sie jemandem, indem Sie beispielsweise die Wirkung seines Verhaltens auf Sie zurückspiegeln. Dabei geht es nicht darum, ehrliche Meinungen zu verschleiern. Echtes Feedback geschieht konstruktiv und mit einer positiven Veränderungsabsicht. Feedback kann ebenso lobend wie kritisierend sein, es sollte aber immer so vermittelt werden, dass es dem Empfänger möglich ist, das Gesagte anzunehmen. Sprechen Sie in verletzendem Ton, in dem Sie mit sogenannten »Du-Botschaften« agieren, handelt es sich nicht um Feedback im konstruktiven Sinne, sondern lediglich um Anschuldigungen. Und die können Sie sich sparen, weil sie nur dazu da sind, Ihren eigenen Frust kurzfristig abzubauen.

Verletzendes Feedback in Form von Du-Botschaften

»Du mit Deinen Ausreden! Du glaubst doch wohl nicht, dass ich mich für dumm verkaufen lasse!«
»Was heißt hier Ausrede. Du hörst mir halt nie richtig zu, wenn ich etwas sage.«
»Du bist absolut unzuverlässig. Wenn man Dich braucht, bist Du eh nie da.«
»Stimmt überhaupt nicht. Du drückst Dich eben nie genau aus, wenn Du einen Treffpunkt mit mir ausmachst.«
»Dein Benehmen ist schlecht. Du machst mich damit vor allen lächerlich!«
»Kein Wunder. Du mit Deiner feinen Gesellschaft! Fragt sich hier, wer sich daneben benimmt! Außerdem habe ich keine Lust, mit Dir darüber zu debattieren.«

In diesen Aussagen wird zwar auch die Wirkung des Verhaltens von einer Person auf die andere geschildert, jedoch so, dass es dem Empfänger unmöglich ist, positiv darauf zu reagieren. Im Gegenteil: die zu erwartende Reaktion ist Gegenangriff, Verteidigung oder Flucht. Und schon sind wir mittendrin in einem ernsthaften Konflikt. Dabei wollten wir doch eigentlich ganz etwas anderes ausdrücken – oder? Wollten vielleicht sagen, wie verletzt wir sind oder wie enttäuscht und traurig. Lernen Sie, richtig Feedback zu geben und kommen Sie zu einer befriedigenderen Gesprächssituation, zu einem echten und fairen Austausch miteinander!

Richtiges Feedback

Zum Feedback gehören immer mindestens zwei. Feedback geschieht zwischen Feedback-Geber und Feedback-Nehmer.

Als Feedback-Geber achten Sie bitte auf folgende Kriterien:

→ **Feedback soll hilfreich sein:** Haben Sie die Absicht, mit Ihrer Mitteilung jemand mal so richtig die Meinung zu sagen – vergessen Sie es! Damit verletzen Sie nur. Ändern wird Ihr Gegenüber höchstens seine Meinung über Sie. Hilfreich ist Ihr Feedback dann, wenn es dem Feedback-Nehmer möglich ist, Ihre Worte anzunehmen und in Ruhe zu reflektieren.

→ **Sich auf veränderbares Verhalten beziehen:** Kritisches Feedback über Dinge, die der Feedback-Nehmer selbst nicht ändern kann, führen zu nichts, wenn die betreffende Person keine reelle Chance hat zu reagieren, weil sie an der Situation nichts ändern kann.

→ **In Form von »Ich-Aussagen«:** »Ich-Aussagen« sind heilsame Botschaften. Für uns selbst, weil wir unserer Stimmung, unserem Gefühl Ausdruck verleihen können und für den Anderen, weil er sich nicht angegriffen fühlen muss. Bleiben Sie mit Ihren Aussagen bei sich: »Ich bin total froh darüber, dass ich mich so gut auf Dich verlassen kann, wenn Du einen meiner Termine übernimmst.«

→ **Feedback soll konkret sein:** Sicher kennen Sie das: Sie bringen Kritik an und werden prompt von Ihrem Gegenüber aufgefordert, Ihre Behauptungen an konkreten Beispielen darzustellen. Wenn Ihnen dann keine detaillierte Situationsbeschreibung einfällt, steigt Ihr Gesprächspartner sofort wieder aus und Ihre Absicht, konstruktive Rückmeldung zu geben, landet im Abseits. Ohne konkrete Beispiele aufgrund genauer Beobachtung oder Wahrnehmung tappt unser Gegenüber nämlich im Dunkeln und muss sich als falsch interpretiert empfinden. Deshalb immer konkrete Beispiele bringen, sonst verliert das Feedback an Wirkung, weil es für den Feedback-Nehmer nicht klar ist, was Sie ihm wirklich sagen möchten.

→ **Feedback soll zeitnah erfolgen:** Feedback soll möglichst sofort erfolgen, damit es nachvollziehbar ist. Dinge, die Sie erst Tage oder Wochen später zur Überraschung aller aus dem Hut zaubern, können Sie sich im Zweifel schenken und lieber beim nächsten Mal gleich ansprechen.

Als Feedback-Nehmer beachten Sie:

→ **Zuhören und nicht unterbrechen.** Auch wenn es manchmal schwierig ist, still zu sein, wirklich zuzuhören und die Gegenargumente in der Schublade zu lassen. Aber es ist Ihre Chance! Denken Sie nur daran, wie selten sich jemand die Mühe macht, dem Anderen mitzuteilen, was er wirklich denkt. Unterstützen Sie das ehrliche Engagement des Anderen, indem Sie ihm gut zuhören. Wenn Inhalte sachlich falsch dargestellt werden, können Sie natürlich klärend nachfragen. Um dann aber wieder beim Zuhören zu bleiben.

→ **Sich nicht verteidigen.** Es ist nicht der richtige Augenblick die Waffen zu zücken. Steckt nicht sogar ein Friedensangebot in den Aussagen Ihres Gegenübers?

→ **Feedback wirken lassen.** Uff – damit hatten Sie nicht gerechnet. Jetzt heißt es, erst einmal verdauen. Das Gesagte sacken zu lassen. Wenn unsere Emotionen geglättet sind, ist es viel einfacher, in Ruhe darüber nachzudenken.

→ **Bedanken Sie sich.** Feedback ist ein Geschenk! Sie waren jemandem sehr, sehr wichtig. Er hat sich Zeit für Sie genommen und Ihnen seine Gedanken und Gefühle mitgeteilt. Auch wenn es etwas war, das Sie eigentlich nicht hatten hören wollen.

→ **Annehmen und Zurückgeben.** Nehmen Sie das an, was Sie annehmen wollen, geben Sie das zurück, was Sie nicht annehmen können. Nicht alles, was Ihr Gegenüber Ihnen mitgeteilt hat, muss von Ihnen unterschrieben werden. Die Wahrheit hat bekanntlich viele Gesichter. Bestimmt gibt es aber Punkte, bei denen Sie erkennen, dass es Handlungsbedarf von Ihrer Seite gibt. Bei anderen Punkten verstehen Sie vielleicht die Haltung und die Gefühle Ihres Gegenübers, wollen aber selbst keine Veränderung herbeirufen, weil Sie nach wie vor der Meinung sind, richtig zu liegen.

Konstruktives Feedback in Form von Ich-Botschaften

»Ich habe mich so auf unseren langgeplanten gemeinsamen Kinobesuch gefreut und ärgere mich, wenn ich Dich darum bitte, heute pünktlich nach Hause zu kommen, Du es mir versprichst, aber nicht einhältst. Ich denke, ich bin nicht mehr wirklich wichtig für Dich, und das macht mich traurig und wütend zugleich.«
»Du hast Recht, tut mir Leid. Natürlich bist Du wichtig für mich, und ich kann Deinen Ärger gut verstehen. Ich war selbst sauer, dass mein Chef mich nicht weg ließ. Komm, lass uns noch was trinken gehen!«

»Ich finde es schön, dass Sie mir die Möglichkeit geben, meine eigenen Ideen zu entwickeln. Das zeigt mir, dass Sie Vertrauen in mich und meine Arbeit haben, und motiviert mich.«
»Das freut mich! Vertrauen habe ich deshalb, weil ich von Ihren Ideen und Ihrer Art an Dinge heranzugehen überzeugt bin. Sie werden es noch einmal weit bringen!«

»Ich bin unzufrieden mit Ihrem Briefstil, weil ich so oft Fehler darin vorfinde. Ich ärgere mich, wenn ich jedes Mal extra Zeit aufwenden muss, um die Briefe in der Unterschriftenmappe noch einmal durchzulesen und wünsche mir, dass das, was Sie mir vorlegen, auch wirklich unterschriftsreif ist. Ich habe Sie als meine Assistentin eingestellt, weil ich davon überzeugt bin, dass Sie mich entlasten können. Bitte konzentrieren Sie sich mehr. Ich weiß, dass Sie das können.«
»Entschuldigen Sie bitte, dass mir so häufig Flüchtigkeitsfehler unterlaufen. Ich verstehe

Nicht jeder Ball landet im Feld – beim Feedback zählt das Fingerspitzengefühl.

Ihren Ärger und verspreche Ihnen, künftig mehr darauf zu achten.«

Sie merken, dem Feedback-Nehmer fällt es durch das konstruktiv und konkret gegebene Feedback in Form von Ich-Botschaften leichter, das Gesagte anzunehmen und entsprechend darauf einzugehen.
Durch ehrliches, offenes Feedback wird der Konflikt ausgesprochen und nicht verschwiegen. Nur dann kann er auch gelöst werden, weil es wieder eine gemeinsame Ausgangsbasis gibt. Im Falle des lobenden Feedbacks ergibt sich daraus sogar für beide Seiten eine zusätzliche Motivation.

Happy End

Und wie geht nun die eingangs erwähnte Geschichte aus, bei der sich die betroffene Mitarbeiterin von ihren Kollegen so übergangen und missachtet fühlt? Sie spricht es offen an:
 »Ich möchte mich gerne mit Ihnen über die Situation von vorgestern, als ich so in Tränen ausgebrochen bin, unterhalten. Eine Klärung liegt mir wirklich am Herzen. Geht es jetzt?«
»Ja, natürlich.«
»Es tut mir Leid, dass ich so überreagiert habe. Eigentlich geht es gar nicht nur darum, dass Sie das schönere Büro bekommen haben. Ich fühle mich seit längerem schon ausgegrenzt von den Anderen und möchte gerne wissen, woran es liegt, was ich vielleicht falsch mache? Ich bin ehrlich gesagt ziemlich verunsichert und auch traurig darüber, so im Abseits zu stehen.«

»Ja, dass Sie im Abseits stehen ist mir auch schon aufgefallen. Ich beobachte, dass Sie sich immer häufiger zurückziehen. Da ist es kein Wunder, wenn sich keiner mehr um Sie bemühen mag.«
»Ich ziehe mich zurück, weil ich Angst davor habe abgelehnt zu werden. Wenn zum Beispiel alle zum Mittagessen gehen, sage ich schon freiwillig, dass ich das Telefon übernehme.«
»Komisch, ich dachte immer, Sie haben einfach kein Interesse mit uns zu sprechen. Dachte, wir sind Ihnen vielleicht nicht gut genug, oder unsere Themen interessieren Sie nicht. Ich wusste nicht, dass Sie das so trifft. Ehrlich gesagt, habe ich Sie auch kaum wahrgenommen, weil Sie so selten dabei waren. Ich finde es gut, dass Sie offen darüber sprechen. Jetzt ist mir klar, warum Sie sich so verhalten.«
» Ich habe das Gefühl nicht gerade beliebt zu sein.«
»Es wäre schön, wenn Sie mehr von sich zeigen würden. Um jemanden zu schätzen und zu mögen, muss man die Chance haben, ihn kennen zu lernen.«
»Wie soll ich das nur anstellen. Jeder denkt jetzt, ich bin eine hysterische Heulsuse.«
»Im Gegenteil. Ich habe das erstemal Ihre Gefühle richtig wahrgenommen, als ich Sie so stehen sah. Auch die Anderen waren darüber sehr betroffen und verunsichert, wie Sie mit der Situation umgehen sollen. Was halten Sie davon, wenn wir morgen gemeinsam zum Mittagessen gehen? Das Telefon kann doch auch wirklich unsere Aushilfe übernehmen!«

Ein offenes Gespräch klärt Missverständnisse auf und stärkt das Wir-Gefühl.

interview

Warum habe ich den Job nicht bekommen? ›Leider haben wir uns für einen Mitbewerber entschieden‹. Warum? Ich habe mich doch so bemüht. Das Vorstellungsgespräch war super, die Chefin total sympathisch, der Job einfach traumhaft. Ich fühle mich unfair behandelt, bei all meinem Einsatz. Die Frau am Telefon sagt mir:›Es lag nicht an Ihrer Person. Ich hätte Sie gern in meinem Team gehabt. Aber der andere Kandidat kommt direkt aus einem Wettbewerbsunternehmen und hat detaillierte Branchenkenntnisse.‹ Ich schlucke. Ok, denke ich, da kann ich nicht mithalten.

WENN ES DIESMAL NICHT GEKLAPPT HAT

Umgang mit Absagen

Eine Absage kann sehr enttäuschend wirken, verunsichern und frustrieren. Zumal wenn es sich um einen Job handelt, der uns besonders reizvoll und passend erschien. Umso wichtiger ist es zu hinterfragen, was die wahren Gründe dafür sind. Diese Erkenntnis brauchen Sie, um Klarheit für sich selbst zu schaffen und feststellen zu können, ob Sie in Zukunft etwas anders machen müssen, oder ob Sie überhaupt daran etwas hätten ändern können oder wollen, wenn es in Ihrer Macht gestanden hätte. Sensibilisiert für Feedback, das uns wichtige Erkenntnisse über uns selbst liefert, sollten Sie die Möglichkeit wahrnehmen, nach den wah-

Die Gründe für eine Absage zu erfragen hilft, beim nächsten Mal erfolgreicher zu sein.

ren Gründen der Absage zu forschen. Dann können Sie mit dem Ergebnis selbstverantwortlich umgehen und Sachlichkeit, anstelle von Emotionen in der persönlichen Beurteilung Ihrer Absage walten lassen. Schließlich haben Sie jede Menge Zeit, Vorbereitung und Hoffnung in Ihr Bewerbungsvorhaben investiert und wollen wissen, warum Sie zu keinem positiven Ergebnis gekommen sind. Geben Sie sich auf keinen Fall zufrieden mit den üblichen lapidaren Sätzen wie: »Wir haben uns für einen Mitbewerber entschieden und senden Ihnen heute in der Anlage Ihre Unterlagen dankend zurück.« Das ist zwar durchaus üblich, wenn

Sie auf Ihre schriftliche Bewerbung gleich eine Absage erhalten. Wenn es allerdings zu einem persönlichen Vorstellungsgespräch gekommen ist, haben Sie Anspruch darauf, zu erfahren, weshalb Sie nicht weiter in Betracht gezogen wurden. Natürlich nicht im juristischen Sinne – aber im Sinne eines fairen Umgangs miteinander. Gut ist es, wenn Sie, wie im Kapitel »Welche Fragen darf ich stellen« beschrieben, am Ende Ihres Bewerbungsgespräches schon Feedback eingeholt haben. Zum Beispiel in Form von: »Ich habe großes Interesse an der beschriebenen Aufgabe, könnten Sie sich vorstellen, mit mir zu arbeiten?« Haben Sie eine unklare, ausweichende, umständlich formulierte Antwort erhalten? Oder sind Sie einfach vertröstet worden mit den Worten: »Wir werden in den nächsten vierzehn Tagen noch einige Bewerber interviewen und können heute noch nichts Entscheidendes sagen.« Dann fragen Sie spätestens jetzt, wo Sie definitiv wissen, dass die Entscheidung nicht zu Ihren Gunsten getroffen wurde, noch einmal nach. Bewerbern abzusagen, gehört zu den wahrlich unangenehmsten Aufgaben eines Interviewers. Dementsprechend selten hören die Kandidaten ein ausführliches, ehrliches Feedback. Sie können es mit gezielten Fragen trotzdem einholen. In den Augen des Interviewers steigert sich dadurch Ihre Wertschätzung. Auch wenn Ihnen das letztendlich für diesen Job nichts mehr nützt. Die gewonnene Erkenntnis ist jedoch für künftige Gespräche wichtig, wenn Sie weiterhin mit ungetrübtem Selbstbewusstsein Ihr Ziel verfolgen wollen.

Gründe für Absagen

Fachliche, persönliche, monetäre und zeitliche Faktoren können für die Absage ausschlaggebend gewesen sein:

→ **Mangelnde Qualifikation:** Reichte meine fachliche Qualifikation und meine Berufserfahrung aus, um dem Anforderungsprofil genügend zu entsprechen?
Wenn nicht, akzeptieren Sie einfach, dass es Mitbewerber gab, deren Werdegang noch besser auf die ausgeschriebene Stelle passte.

→ **Nicht ins Team gepasst:** Habe ich den Eindruck hinterlassen, persönlich in das Team, zu meinem Vorgesetzten und in das Unternehmen zu passen?

Wenn nicht: Aus welchem Verhalten oder Beobachtungen heraus argumentiert der Interviewer? Haben Sie sich nicht verstellt, sich natürlich und aufgeschlossen im Gespräch gegeben, passen nach Ansicht des Interviewers aber nicht ins Team, so passt das Team auch nicht zu Ihnen – Sie haben nicht wirklich etwas verloren, sondern sich vermutlich eher jede Menge Schwierigkeiten erspart.

→ **Zu hohe Gehaltsforderung:** Lagen meine Gehaltsvorstellungen im entsprechenden Rahmen? War ich zu teuer?
Hätte man Sie wirklich gewollt, hätte man mit Ihnen sofort Klartext gesprochen oder anders verhandelt. Außerdem: Hätten Sie denn für weniger Geld tatsächlich freudig den Arbeitsvertrag unterschrieben?

→ **Zu lange Kündigungsfrist:** War mein angebotener Eintrittstermin attraktiv genug? Konnte der bevorzugte Mitbewerber eher anfangen? Pech für Sie. Aber: hätte man Sie wirklich als 100% richtigen Kandidaten eingeschätzt, hätte man vermutlich auf Sie gewartet. Haken Sie also nach, wenn dies der einzige Absagegrund zu sein scheint.

Selbstverständlich gibt es darüber hinaus auch Absagegründe, die mit Ihrer Bewerbung oder Ihrer Person schlichtweg nichts zu tun haben. Nämlich dann, wenn die Stelle plötzlich durch einen internen Bewerber besetzt wurde.

Die Erörterung und Analyse der Absagegründe hilft Ihnen, sich schneller zu trösten und neue Gespräche nicht frustrierter, sondern gelassener und geübter anzugehen. Mit dieser Einstellung werden Sie immer besser und routinierter beim Finden des Unternehmens und des Jobs, der Ihrer würdig ist. Das haben Sie sich verdient!

service

Adressen, die weiterhelfen

→ Berufliche Fortbildungszentren
der Bayerischen Wirtschaft, BfZ
Diverse Angebote für Umschüler
Landshuter Allee 174
80637 München
Tel.: 0 89/9 46 29 50
www.bfz.de

→ Bildungswerk der Bayerischen Wirtschaft, BBW
Diverse Seminarangebote zu Weiter-
qualifzierungsmaßmahmen
Tel. (Nürnberg): 09 11/9 46 29 50
www.bbw.de

→ Büro für Existenzgründungen, BfE
Seminarangebote und kostenlose
Vortragsreihen für Existenzgründer
Thalkirchner Str. 54
80337 München
Tel.: 0 89/51 54 93 20
www.bfe-muenchen.de

→ Deutsche Gesellschaft für Personalführung, DGFP
Bundesweite Seminarangebote, u.a. zu Kon-
fliktmanagement, Kommunikationsverhalten,
Selbstpräsentation
Tel. (Düsseldorf): 02 11/5 97 80
www.dgfp.de

→ FÄRBER Media Consulting, »Bewerbertraining«
Christine Färber
Hiltensperger Straße 11
80798 München
Tel.: 0 89/27 32 16 63
www.faerber-media-consulting.com

→ Dr. Carla Winklhofer »Bewerbertraining«
Waldeslust 22 a
81377 München
Tel.: 0 89/71 00 07 30
www.dr-winklhofer.de

→ HOT Haas Organisations- und Teamentwick-
lung, »Fit fürs Assessment-Center«
Bernhard Haas
Emdener Weg 6
63454 Hanau
Tel.: 0 61 81/7 42 24
www.hot-akademie.de

→ Janus Training und Beratung,
»Selbstmanagement und Selbstcoaching«
Carsten Schäper
Landsbergerstr. 98
82110 Germering
Tel. 0 89/84 07 96
www.janusteam.de

→ WSFB-Beratergruppe Wiesbaden,
»Berufs- und Lebensplanung«
Hans-Werner Bormann
Bahnhofstrasse 52
65185 Wiesbaden
Tel.: 06 11/15 76 60
www.wsfb.de

Jobbörsen im Netz

www.access.de

www.alma-mater.de

www.arbeitsamt.de

www.bankjob.de

www.berufe2000.de

www.berufsstart.de

www.berufswelt.de

www.bza.de

www.dv-job.de

www.futurestep.de

www.horizont.net/jobs/stellenmarkt

www.hotel-career.de

www.job4law.de

www.jobcafe.de

www.jobline.de

www.job-office.de

www.jobpilot.de

www.jobpool.de

www.jobrobot.de

www.jobscout24.de

www.jobversum.de

www.jobware.de

www.jobworld.de

www.mamas.de

www.mediabiz-jobs.de

www.monster.de

www.netzmarkt.de/jobs

www.newsroom.de

www.stellenanzeigen.de

www.stellenmarkt.de

www.stepstone.de

www.verlagsjobs.de

www.welt.de/berufswelt

www.worldwidejobs.de

www.zeitrobot.de

Bücher, die weiterhelfen

→ Birkenbihl, Vera:
Kommunikationstraining,
mvg, Landsberg.

→ Donnert, Rudolf:
Soziale Kompetenz,
Lexika Verlag, Würzburg.

→ Haschtmann, Lorenz:
Karriere statt Konflikte,
Gräfe und Unzer Verlag, München.

→ Hertwig, Sabine:
Die besten Tricks für die Probezeit,
Falken Verlag, Niedernhausen.

→ Hesse/Schrader:
Arbeitszeugnisse,
Eichborn Verlag, Frankfurt a. M.

→ Hilb, Martin:
Management by Mentoring,
Luchterhand Verlag Verlag, München.

→ Hillengaß/Nökel:
Start in die Führungspraxis,
Sauer Verlag, Heidelberg.

→ Jähnchen, Patrick:
Vorstellungsgespräche,
Gräfe und Unzer Verlag, München.

→ Kim, Sang H.:
1001 Wege zur Motivationssteigerung,
Falken Verlag, Niedernhausen.

→ Leciejewski/Fertsch-Röver:
Assessment-Center,
STS, Planegg.

→ Metzger/Funk/Post:
Bewerben im Internet,
Falken Verlag, Niedernhausen.

→ Molchow, Sammy:
Alles über Körpersprache,
Mosaik Verlag, München.

→ Püttjer/Schnierda:
Assessment-Center –
Training für Führungskräfte,
Campus Verlag, Frankfurt a. M.

→ Rischar, Klaus:
Kritik als Chance für Vorgesetzte
und Mitarbeiter,
Expert Verlag, Renningen.

→ Schachmann, Martin:
Arbeiten im Ausland,
Heyne Verlag, München.

→ Stöger, Gabriele:
Wie führe ich meinen Chef?,
Heyne Verlag, München.

register

A

Absage 19, 120, 121
Aktives Zuhören 70
Anschreiben 51, 52
Anzeige, Eigen- 40, 41
Anzeige, Stellen- 39, 40
Arbeiten im Ausland 22
Arbeiten und Kind 18, 19
Arbeitsamt 22, 26
Arbeitslosengeld 22
Arbeitslosigkeit 26, 69
Arbeitspausen 69
Arbeitsproben 57
Arbeitsweise 82
Arbeitszeugnis 57
Assessment-Center 96, 105
Aufsatz 105
Aufstiegsfortbildung 27
Ausbildung, Zusatz- 27
Ausland, Arbeiten im 22
Außerfachliche Kompetenzen 97

B

Beförderung 73
Beobachter 89, 90, 97, 98
Beruflicher Werdegang 80
Bewahrer-Typ 10, 11, 12, 31
Bewerben 36, 49
Bewerber 89
Bewerbung
– Blind- 37
– Initiativ- 37, 38
– Internet- 42
– Schriftliche 50, 61

Bewerbungsstrategie 36
Bewertungsbogen 98, 99
Blickkontakt 67
Blindbewerbung 37

D

Du-Botschaften 115

E

Eigenanzeige 40, 41
Eigenschaften, persönliche 75
Einzelkämpfer 12
Empathie 70
Enttäuschung 79
Erwartungen 78

F

Fachliche Qualifikation 74
Fallbeispiele 90, 95
Fallstudie 103, 104
Feedback 114 ? 117
– Richtiges 115, 116, 117
– Verletzendes 115
Fix-Gehalt 86
Förderprogramme 28
Fortbildung 26, 27
Foto 53
Fragen 79, 85
– Konfrontative 71
– Offene 70
Fremdbild 14, 15, 17
Führungsnachwuchs 28

G

Gehalt 73, 85, 86, 87
Gehaltsforderung 87
Gehaltsvorstellung 85, 86, 87

Geschäftsberichte 32, 33
Gestik 65, 66
Gewerbeschein 24
Gruppendiskussion 101, 102

 H

Headhunter 44
Home-Office 20, 21

 I

Ich-Botschaften 117
Informationsdienste 33
Inhabergeführte Unternehmen 32
Initiativbewerbung 37, 38
Inserat, Selbst- 40
Inserat, Stellen- 39
Internet 32, 42, 46
   -bewerbung 42
Interviewer 89
Interviewszenen 80, 83
Ist-Gehalt 86

 J

Jobportale 43
Jobsharing 20

 K

Kind und Arbeit 18, 19
Kleidung 62, 63, 64
Kompetenz, soziale 112, 113
Kompetenzen, außerfachliche 97
Konditionen 85, 86, 87
Konfrontative Fragen 71
Körpersprache 65, 66, 67
Kundengespräch 103
Kündigung 60, 88
Kündigungsfristen 88

 L

Leader-Typ 18
Lebenslauf 54, 55, 56
Lichtbild 53

 M

Macher-Typ 10, 11, 31
Mentoren 111, 112
Mimik 66, 67
Mitarbeitergespräch 102, 104, 110, 111
Moderator 90, 98

 N

Nebenjob 22, 25
Nervosität 67, 68
New Economy 30, 31, 86

 O

Offene Fragen 70
Old Economy 30, 31, 86
Online-Stellenbörsen 43, 44

 P

Personalberater 44, 45, 46
Personalverantwortung 18
Persönliche Eigenschaften 75
Persönlichkeitsprofil 13
Planspiel 103
Postkorb 104, 105
Probezeit 88, 109, 110, 111

 Q

Qualifikation, fachliche 74
Qualifikationsprofil 13

R

Referenzen 57
Reflexion 69
Rhetorische Grundregeln 69, 70
Rollenspiel 89, 90, 102, 103

S

Schriftliche Bewerbung 50, 61
Schulzeugnis 57
Schwächen 13, 14, 76, 77
Selbstbild 14, 15, 16
Selbstpräsentation 100, 101
Selbstständigkeit 21, 22
Soziale Kompetenz 112, 113
Stärken 13, 14, 76, 77
Stellenanzeige 39, 40
Stellenbörsen, Online- 43, 44
Stress 82, 83
Suchmaschinen 43

T

Teamplayer 12
Teilzeitarbeit 20
Teilzeitarbeitsplatz 21
Traineeprogramme 26, 28

U

Umschulung 26
Unternehmen
 – inhabergeführte 32
 – Wunsch- 91
 – Zeitarbeits- 47, 48, 49
Unternehmensbroschüren 32

V

Verdienst 85, 86, 87
Verhandeln 86

Vertragsgestaltung 87, 88
Vollzeitarbeitsplatz 20
Vorstellungsgespräch 62
Vortrag 104

W

Weiterbildung 28
 – Innerbetriebliche 27, 28
Wunschbild 14, 15
Wunschunternehmen 91

Z

Zeitarbeit 47, 48, 49
Zeitarbeitsunternehmen 47, 48, 49
Zeugnis 57, 60
 – Arbeits- 57
 -arten 61
 – Einfaches 61
 -formulierungen 60
 -interpretationen 60
 -klauseln 59
 – Qualifiziertes 61
 – Schul- 57
 -sprache 58, 59, 60
 – Zwischen- 61
Zielvereinbarung 111
Zuhören, aktives 70
Zusatz
 -ausbildung 27
 -leistungen 86
 -wissen 27
Zweitgespräch 84, 85
Zwischenzeugnis 61

impressum

Redaktionsleitung:
Steffen Haselbach
Lektorat: Mirjam Baumann
Coverfotos: Andreas Hosch

Umschlag und Gestaltung: independent Medien-Design
Herstellung: Ute Hausleiter
Satz: Büro für Informationsgestaltung, München
Repro: Repro Ludwig, Zell am See
Druck und Bindung: Kaufmann, Lahr

ISBN: 3-7742-3405-1

Fotos

Bavaria Bildagentur: S. 46, 48. Andreas Hosch: Inhalt. Image Bank: 9, 10, 11, 37, 54, 62, 86, 96, 118, 119, 120. Mauritius: 23, 45, 57, 64. Pictor: 63, 70, 101. Picture-Press: 29, 50, 108. Premium: 72, 112. Superbild: 39, 53. The Stock Market: 19, 36, 42, 106/107, 114, 117. Tony Stone: 6, 77. Alexander Walter: 34/35. Zefa: 17, 48, 109.

Umwelthinweis

Dieses Buch wurde auf chlorfrei gebleichtem Papier gedruckt. Um Rohstoffe zu sparen, haben wir auf Folienverpackung verzichtet.

Wichtiger Hinweis

Die Beiträge in diesem Buch sind sorgfältig recherchiert und entsprechen dem aktuellen Stand. Abweichungen, beispielsweise durch seit Drucklegung geänderte Preise, Gebühren, Anlageentwicklungen, WWW-Adressen etc. sind nicht auszuschließen.
Weder Autor noch Verlag können für eventuelle Nachteile oder Schäden, die aus den im Buch gegebenen praktischen Hinweisen resultieren, eine Haftung übernehmen.

Auflage	4.	3.	2.	1.
Jahr	04	03	02	01